Das Buch

Die syrische Autorin Rasha Abbas verwebt die stinknormalen Erfahrungen des Einlebens in Berlin beim Asylantrag, im Jobcenter, beim Sprachkurs, zwischen Künstlerinflation und Hipsterinvasion gekonnt mit anderen Genres: Slapstick, Zombiefilm, Cartoon, Computerspiel. Bewaffnet mit einer Narrenkappe erzählt sie die Wahrheit über „uns Deutsche".

Die Autorin

Rasha Abbas ist eine syrische Journalistin und Autorin. Sie lebt seit 2015 in Deutschland. 2008 veröffentlichte sie die Kurzgeschichten *Adam hasst das Fernsehen* und wurde dafür beim Damascus Capital of Arab Culture Festival ausgezeichnet. 2016 erschienen ihr viel beachteter Band *Die Erfindung der deutschen Grammatik* und ihre Weihnachtsgeschichte *Ein einsames rotes Coca-Cola-Glas*. 2018 veröffentlichte sie ihren zweiten Band mit Erzählungen *Eine Zusammenfassung von allem, was war*.

Die Übersetzerin

Sandra Hetzl wurde 1980 in München geboren und lebt in Berlin. Sie studierte an der UdK Visual Culture Studies und arbeitet als Literaturübersetzerin aus dem Arabischen. Außerdem ist sie der Kopf hinter 10/11, einem Labor und Sprachrohr für experimentelle Formen arabischer Literatur.

Rasha Abbas

Die Erfindung der deutschen Grammatik

Geschichten

Aus dem Arabischen
von Sandra Hetzl

Inhalt

Wie der Versuch, einen deutschen Superhelden
    zu erschaffen, scheiterte 7

Wie die deutsche Sprache erfunden wurde 17

Wohnungsbesichtigung 25

Deutsch lernen in der Schule des Lebens 33

Verbesserungsvorschläge für die Lehrpläne
    von Integrationskursen............................ 45

Die Hipster-Apokalypse 51

Wollt ihr etwa so enden? 65

Sag niemals Jobcenter 81

Sherlock Holmes in Berlin 89

Wie mir Videogames bei deutschen Behörden-
    gängen behilflich waren 95

Wie ich eine Künstlerin wurde 105

Zeig mir mehr Gewalt 115

Solardroge 123

Visum?! 135

Das Eis brechen 143

Wie der Versuch, einen deutschen Superhelden zu erschaffen, scheiterte

Es gab eine Sache, die ich mir beim besten Willen nicht erklären konnte: dass bis heute niemand einen berühmten deutschen Superhelden erschaffen hat. Mit Superheld meine ich natürlich das Gängige, so etwas wie Superman und Co., also einen Mann, der eine Unterhose über einer Leggings trägt und gegen Bösewichte kämpft.

Ich fand, dass diese Mammutaufgabe nicht länger warten konnte, und nahm die Sache selbst in die Hand. Ich wollte dem Land, das mich aufgenommen hatte, etwas zurückgeben. Es war mir unverständlich, warum meine Mitmenschen meiner Begeisterung für diese Idee fast so etwas wie Mitleid entgegenbrachten. Sie sagten mir, ich könne ja ruhig anfangen, schon einmal das erste Abenteuer jenes Superhelden zu schreiben, solle mich dann aber nicht wundern, falls „der hiesige Lebensstil" die Handlung eventuell ein wenig behinderte.

Was sollte das denn bitte heißen. Superhelden haben alle den gleichen Lebensstil: Sie retten Unschuldigen das Leben und lassen sich dabei von nichts aufhalten.

Es fiel mir nicht schwer, die Figur zu entwerfen. Bald schon hatte ich eine erste Skizze des deutschen Helden gezeichnet: mit breitem Kinn und makellos blondem

Haar. Ich nannte ihn Jan, denn dies war der erste deutsche Name, den ich mir gemerkt hatte. Und siehe da, es war auch der perfekte Zeitpunkt für seinen ersten Einsatz, denn gerade war eine Bande von Straßenflegeln dabei, einer Dame auf der gegenüberliegenden Straßenseite die Handtasche zu stehlen. Jan jedoch blieb störrisch auf seiner Straßenseite stehen und weigerte sich, zum Tatort zu eilen.

Aber Jan, was hindert dich denn?

Er begnügte sich damit, mir einen verächtlichen Blick zuzuwerfen und mit ausgestrecktem Zeigefinger auf die Fußgängerampel zu zeigen, die rot war. Ja, aber Jan! Ist es denn sinnvoll, dass du jetzt hier solange wartest, bis die Ampel grün wird? Die Bande hatte es mittlerweile geschafft, sich die Handtasche zu schnappen, einer von ihnen hatte sich des Lippenstifts darin bemächtigt und sich die Lippen geschminkt, ein paar Ohrringe herausgenommen, sich an die Ohren gesteckt und ein Selfie geschossen, während die Dame weinend am Boden lag.

Jan erwiderte nichts. Er verschränkte die Arme fest vor der Brust und verweigerte jeglichen Kommentar. Bis die Ampel schließlich grün wurde. Inzwischen hatte sich die Band längst aus dem Staub gemacht, und es gab nicht mehr viel für Jan zu tun, außer der Dame wieder aufzuhelfen und sie zur nächsten Polizeistation zu begleiten.

Es ist noch kein Meister vom Himmel gefallen.

Als Jan niedergeschlagen von seinem missglückten Abenteuer heimkehrte, versuchte ich, ihn wieder aufzubauen, indem ich ihm dieses Sprichwort in eine Sprechblase schrieb. Aber Jan blies sie weit von sich fort. Die einzige Möglichkeit, ihn zu motivieren, war eine erfolgreiche Heldentat. Nur so konnte ich ihm glaubhaft machen, dass er für diese Art Leben geschaffen war. Ich beeilte mich, ein Quadrat zu zeichnen, worin sich da Kundenservice-Center einer Bank befand. Dann fügte ich einen maskierten Bankräuber hinzu, der eine Bankangestellte mit einer Pistole bedrohte. Zum Glück stand Jan diesmal keine Ampel im Weg, denn ich hatte ihn direkt vor einer Fußgängerunterführung platziert. Es gab also nichts, was ihn hindern konnte, wie ein Turmfalke zur Bankfiliale zu stürzen und den Überfall zu verhindern. Gespannt hielt ich den Atem an und wartete, was passieren würde, während ich beobachtete, wie Jan in das Bankgebäude stürmte und den Dieb fest am Kragen packte. Plötzlich wurde die Szene von einer Bankangestellten unterbrochen, die mit einem Stift und einem Stapel Unterlagen an den Schalter kam. Zu Jan gewandt sagte sie:

„Guten Tag, entschuldigen Sie die Störung: Sie sind sicher der Herr, den man beauftragt hat, die Bankfiliale vor dem Überfall zu retten, richtig?"

„Ja, der bin ich."

„Haben Sie denn auch eine Bankrettungsgenehmigung?"

„Nein, was soll das überhaupt sein?"

„Kein Problem. Ich bräuchte nur schnell ein paar Informationen von Ihnen. Dann lasse ich Sie auch gleich wieder zur Tat schreiten."

„Natürlich."

„Könnten Sie bitte dieses Formular ausfüllen? Ich brauche Ihren Vor- und Nachnamen und bitte hier auch die Postleitzahl."

Jan hängte den Einbrecher an einen Kleiderständer und schrieb die Informationen in das Formular. Dann gab er es der Dame hinter dem Schalter wieder und wollte gerade den Einbrecher vom Haken nehmen.

„Oh, Verzeihung, es gäbe doch noch ein paar Dinge. Dürfte ich mir eine Kopie von Ihrer Anmeldebescheinigung machen?"

Jan zog das Papier aus der Brusttasche seines Superheldenanzugs und überreichte es der Angestellten, die damit für einige Minuten verschwand. Als sie wieder da war, sagte sie:

„Vielen Dank. Hier haben Sie Ihre Anmeldung wieder, und jetzt noch eine allerletzte Sache: Sie müssten mir noch Ihre Steuernummer geben. Und Ihre Rentenversicherungsnummer bräuchte ich auch noch. Dann lass' ich Sie auch wirklich ungehindert zurück an Ihre Arbeit, versprochen."

Jan zog wieder Unterlagen hervor, die er der Bankangestellten übergab. Während sie die Daten in das Formular eintrug, nutzte er die Gelegenheit, einen verstohlenen Blick auf den Kleiderständer zu werfen. Der war jetzt leer.

Schließlich kam die Bankangestellte zurück und gab ihm das gestempelte Formular:

„Vielen Dank für Ihre Mitarbeit, Herr Jan. Mit dieser von uns beglaubigten Genehmigung haben Sie jetzt komplette Bewegungsfreiheit bei der Rettung unserer Bank vor dem Überfall."

Bevor sie wegging, drehte sie sich noch einmal zu ihm um und sagte mit einem Lächeln: „Ich habe mich persönlich dafür eingesetzt, dass Sie eine bessere Bankschutzgenehmigung bekommen. Das ursprüngliche Formular, das wir hier in der Filiale hatten, hätte Sie nämlich nur berechtigt, die Hauptfiliale zu retten, und das auch nur innerhalb der nächsten drei Monate. Dann habe ich ein wenig Druck auf die Kollegen ausgeübt, dass sie die Genehmigung doch bitte auf alle Filialen erweitern mögen. Ja, und jetzt ist sie ganze sechs Monate gültig. Ab jetzt wird Ihr Briefkasten zugespamt – Pardon! –, will sagen, durch die regelmäßige Post, die wir ab jetzt an Ihre Adresse schicken werden, haben Sie die einmalige Chance, all unsere Angebote und Sonderaktionen im Detail mitzuverfolgen."

Jan reagierte auf keinen meiner Versuche, mit ihm zu kommunizieren, während er wütend, die Fäuste in den

Hosentaschen seiner Leggings geballt, davonstapfte. Es war offensichtlich: Die Sache war für ihn ein für allemal erledigt. Ab heute würde er nicht mehr Teil des Projekts sein wollen.

Ich sah ihm hinterher, wie er lief und lief, bis er an der U-Bahnhaltestelle ankam, von der aus er nach Hause fahren würde, und dachte bei mir, dass dies wohl das letzte Mal war, dass ich ihn sah. Ich war kurz davor, das Handtuch zu schmeißen, als mir plötzlich eine letzte Idee kam, die mein Projekt vielleicht doch noch würde retten können. Schnell stellte ich drei böse Jungs vor den Eingang zur U-Bahn, die sofort einem Kleinkind die Schokolade aus der Hand rissen. Das Kind fing an zu weinen, während die Bande mit der Beute floh. Diesem Ruf würde Jan unmöglich widerstehen können, gibt es doch nichts, was das Gerechtigkeitsempfinden eines Menschen so in Wallung bringen kann, wie die zarte Unschuld der Kindheit. Tatsächlich war Jan gleich Feuer und Flamme und begann, der Bande hinterherzurennen. Doch, Moment, was geschah jetzt? Wieso blieb er plötzlich stehen? Die Bande sprang mit einem Satz in die gleich abfahrende U-Bahn. Währenddessen versuchte Jan nervös, Münzen in den Fahrkartenautomaten zu stecken. Das hatte ich nicht bedacht. Natürlich würde Jan nicht akzeptieren, Bösewichte in einem U-Bahn-Waggon zu verfolgen, ohne selbst vorher eine Fahrkarte entwertet zu haben. Doch bis er die Karte aus dem Automaten gezogen und abgestempelt hatte, war die U-Bahn mitsamt der Bande längst abgefahren und hatte Jan zurückgelassen, wie er, seine Fahrkarte in der Hand, verwirrt dem Zug hinterherblickte, während im Hintergrund weiter das Weinen des bestohlenen Kindes zu hören war.

An dieser Stelle klappte ich mein Zeichenheft zu. Ich setzte mich wütend ins Wohnzimmer und rauchte. Ich sah, wie die Rauchwolken dichter und dichter wurden, und sagte wieder einmal zu mir selbst, dass ich endlich mit dem Rauchen aufhören sollte. Oder wenigstens nicht so viel rauchen. Plötzlich löste sich aus dem Qualm eine Figur, die mir wohlbekannt war. Eine Figur, deren Abenteuer ich stets verfolgt hatte. Ich konnte nicht glauben, dass er jetzt wirklich hier vor mir stand, heftig hustend von all dem Rauch. Vor lauter Verwunderung fiel mir die Zigarette aus dem Mund, während ich ihn anstarrte.

„Oh mein Gott, Superman! Erscheinst du mir jetzt etwa auch, wie du es bei den allergrößten Cartoonisten tust, wenn sie in einem Schlamassel stecken?"

„Also, um ehrlich zu sein: Nein. Ich bin gerade zufällig hier vorbeigeschwebt und wäre fast erstickt bei all dem Qualm, der von hier aufsteigt. Deshalb bin ich schnell hergeflogen, um den Brand zu löschen und die Unschuldigen zu retten. Wo ist denn das Feuer?"

„Hier ist kein Feuer, Superman. Ich habe nur geraucht."

„Oh, ich verstehe", sagte er zugleich beeindruckt und angewidert. „Vielleicht solltest du mit dem Rauchen aufhören. Hattest du gerade erwähnt, dass du Comics zeichnest und Schwierigkeiten hattest?"

„Ja, Superman."

„Ich bitte dich, nenne mich einfach ‚Man', ohne das ‚Super'. Ich mag es nicht so förmlich."

„Okay, Man. Mein Problem ist folgendes: Ich habe versucht, einen Superhelden zu zeichnen, aber irgendetwas hielt ihn immer davon ab, einzugreifen und Unschuldige zu retten."

„Ach was! Was könnte einen wahren Superhelden denn bitte von seiner Mission abbringen? Da hast du dir wahrscheinlich den Falschen ausgesucht. Ein Superheld, der im Dienste der Sterne des Banners steht und seine Landsleute retten will, braucht einen eisernen Willen."

„Aber welche Sterne denn, Man? Mir scheint, du bist ganz schön weit geflogen, seit du das letzte Mal einen Blick auf die Ortstafeln an den Landesgrenzen geworfen hast …"

„Was? Bin ich etwa in Mexiko gelandet?", fragte er ängstlich.

„Nein, Man. Du befindest dich in Deutschland."

„Oh, Deutschland. Und was hat das mit …? Achsoooo. Jetzt habe ich dein Problem verstanden. Leider kann ich dir in diesem Fall nicht behilflich sein. Aber eins will ich dir noch sagen, bevor ich wieder gehe: Lass deinen Helden nicht allein. Bau ihm eine Handlungsfläche, sei es aus noch so banalen Kleinigkeiten, innerhalb derer er

Gutes für die Menschheit tun kann. Denn das ist es, wonach er letztendlich strebt."

In diesem Augenblick löste sich eine zweite Figur aus der Rauchwolke. Sie trug eine schwarze Hornbrille und ein buntes T-Shirt.

„Ich habe wie verrückt nach dir gesucht! Was zum Geier machst du hier, du Tollpatsch? Ohoo, ich sehe. Du erscheinst wohl wieder irgendwelchen Leuten, machst einen auf weise und verkaufst dich als Offenbarung? Glaubst du wirklich, dass dich noch irgendjemand ernst nehmen kann, wenn du mit deiner roten Unterhose rumläufst? Hopp, schnell zurück mit dir ins Studio. Wir müssen noch vor Morgengrauen eine neue Abenteuergeschichte gedruckt haben."

„Ach Mensch, James!" An mich gewandt erklärte Superman: „Das ist der Herausgeber der Zeitschrift, in der ich erscheine." Und dann wieder an James: „Ich bin doch auch nur ein Mensch! Okay, vielleicht kein Mensch, aber immerhin bin ich auch ein Wesen mit Gefühlen. Ich will spüren, dass die Menschen mich nicht nur auf einen durch die Luft fliegenden Muskelprotz reduzieren! Ich will, dass sie auch meinen Geist zu schätzen wissen."

Als Superman mitsamt seinem Herausgeber wieder durch den Qualm entschwunden war, klangen mir seine letzten Worte im Kopf nach. Ich eilte zu meinem Zeichenheft und arbeitete energisch bis Mitternacht durch, bis ich endlich guten Gewissens schlafen konnte.

Jans Abenteuer kamen nie groß heraus. Als ich sie später veröffentlichte, wollte keiner sie kaufen. Warum, kann ich mir wirklich nicht erklären, habe ich doch alles daran gesetzt, seine Abenteuer so spannend wie möglich zu gestalten. Beispielsweise wie er als Bademeister auf das Kinderplanschbecken eines öffentlichen Schwimmbads aufpasst oder wie er die Hunde seiner greisen Nachbarn Gassi führt.

Wie die deutsche Sprache erfunden wurde

„Schreib auf: Protokoll der von Seiner Durchlaucht Herzog Karl und Seiner Durchlaucht Herzog Ludwig abgehaltenen Tagung zur Erfindung der deutschen Sprache."

„Und in welcher Sprache soll ich das jetzt schreiben? Die Sprache ist doch noch gar nicht erfunden worden, oder?"

„Schreib in einem etwas verkorksten Englisch."

„Okay. Aber Herzogtümer dürften doch eigentlich auch noch nicht existieren, wenn wir in einer Zeit leben, in der wir noch gar keine Sprache haben."

„Du glaubst wohl jetzt wirklich, dass du ein Herzog bist? Mein Gedanke war einfach, dass die Leute uns ernster nehmen, wenn wir Adelstitel haben."

„Na gut. Wir haben ja bereits ein paar Wörter ins Lexikon geschrieben, von daher wird sich unsere heutige Tagung eher mit der Grammatik der neuen Sprache befassen."

„Ich schlage vor, dass das Genus jedes Substantivs streng festgelegt ist, dass ihm eine entscheidende Rolle im Satz zukommt und dass es sowohl Verben als auch Pronomen und Artikel beeinflusst."

„Was den letzten Teil angeht, bin ich einverstanden, aber könnten wir die Wörter dann vielleicht wenigstens so gestalten, dass sie auf ihr jeweiliges Genus hinweisen?

Damit es für Ausländer einfacher ist, die Sprache zu lernen?"

„Wie? Wörter, die auf ihr Genus hinweisen? Wie soll denn das gehen?"

„Na ja, eben Nomen, deren Geschlecht man von alleine erraten kann. Wie zum Beispiel Apfel. Ein Apfel ist ja wohl ganz eindeutig weiblich. Oder Mond. Ist auch weiblich."

„Och, du bist aber auch zartfühlend, Eure Durchlaucht Herzog Karl! Ich hätte hier, offen gestanden, gleich wieder einiges gegen deine Vorschläge einzuwenden. Erstens stehen wir gerade noch knapp vor der Erfindung des Genus, das heißt, du kannst gar kein Bewusstsein für dieses Thema haben, außer vielleicht durch Hexerei und Zauberwerk, Stichwort: Häresie. Dein Verhalten macht unsere gesamte Tagung zu einem einzigen dramaturgischen Flop. Zweitens sehe ich keinen Grund, warum wir es uns ausgerechnet zur Aufgabe machen sollten, ausländischen Lernenden die Sache einfacher zu machen. Sehe ich etwa aus wie ein Reisebüro? … Nein, ernsthaft, schau mich bitte mal an. Sag: Sehe ich in deinen Augen aus wie ein Reisebüro? Liegt das vielleicht an meiner koketten Perücke? Wie dem auch sei, ich finde, ehrlich gesagt, dass wir das genaue Gegenteil machen sollten. Ich finde, wir sollten die Wörter absichtlich irreführend in Bezug auf ihr Genus gestalten. Und nur um dich zu ärgern, wird Apfel jetzt maskulin."

„Ich verstehe das nicht. Wozu denn diese Verbissenheit? Ist Seine Durchlaucht vielleicht ein wenig frauenfeindlich?"

„Wie kommst du denn darauf, Durchlaucht! Wir befinden uns nun einmal in einer Zeit, in der das feministische Bewusstsein noch nicht so ausgeprägt ist. Deshalb muss ich mich so verhalten. Lass mich noch eins draufsetzen, das verwirrt die Lernenden noch mehr: Das Wort Mädchen machen wir jetzt neutral und nicht weiblich."

„Neutral? Werden wir jetzt etwa ein drittes Geschlecht einführen? Ich kann mich nicht daran erinnern, dass wir uns auf so etwas geeinigt hätten. Wozu soll das bitte gut sein?"

„Willst du etwa, dass wir am Ende wie Englisch werden? Wo man, grammatikalisch gesehen, mit einem Tisch genauso umgeht wie mit einem Kind oder einem Hund, ohne den geringsten Unterschied zu machen? Deswegen habe ich doch die Sache mit dem Genus überhaupt vorgeschlagen: damit die deutsche Sprache so einfühlsam wie möglich gegenüber jedem einzelnen Substantiv ist."

„Apropos Englisch. Ich wollte dich nur mal darauf aufmerksam machen, dass das Lexikon, das wir gemacht haben, voller Wörter ist, die wie eine lachhafte Verunstaltung des Englischen wirken."

„Moment … wie war das nochmal: War jetzt historisch gesehen das Deutsche der Ursprung des Englischen oder umgekehrt?"

„Ich weiß nicht. Wir befinden uns ja auch in einer nicht näher bestimmten Epoche."

„Das können wir unmöglich so stehen lassen. Von jetzt an werden wir die Wörter einfach noch irrwitziger vom Englischen herleiten, damit es so aussieht, als machten wir uns über die Briten lustig. Zum Beispiel milk. Wie könnten wir das abwandeln?"

„Keine Ahnung. Vielleicht molk?"

„Nein. So: MILCH. Gott, ich mach mir gleich in die Hose vor Lachen. Stell dir das mal vor: Milch! Wie absurd!"

„Das ist überhaupt nicht witzig."

„Doch, doch, du hast nur keinen Sinn für Humor. Du hast kein Gefühl für das Groteske an der Sache. Was steht heute sonst noch auf der Tagesordnung?"

„Wir müssen die Tiere noch benennen."

„Die Nachmittagspause rückt aber langsam näher. Wir werden nicht genug Zeit haben, für jedes einzelne Tier einen Namen zu finden. Machen wir es mit der Tierbenennung einfach wie bei den Farben."

„Wie meinst du das?"

„Wie man es eben bei den Farben macht. Es gibt drei Grundfarben, und indem man sie unterschiedlich mischt, erhält man alle restlichen Farben. Und so werden wir es jetzt auch mit den Tieren handhaben. Wir wählen ein paar primäre Tierarten aus und die restlichen Tiere montieren wir einfach daraus zusammen. Für den Hund beispielsweise haben wir doch schon ein Wort, oder? So. Und irgendwann demnächst wirst du bei der Robbe ankommen und dir fällt wieder kein Name ein und dann kommst du bei mir angetanzt und vergeudest meine teure Zeit mit solchen Lappalien. Stattdessen wirst du das Tier jetzt einfach Seehund nennen und gut ist's. Das wendest du dann einfach bei jedem Tier an, das dich überfordert."

„Na ja, es gibt aber trotzdem noch eine ganze Reihe Wörter, die komplett neu erfunden werden müssten."

„Nein, nein, das ist nicht nötig. Nimm einfach Wortgruppen, die wir bereits erfunden haben, und dann packst du zwei, drei oder sogar vier Wörter in einem Wort zusammen."

„Gut, einverstanden. Bleiben wir einmal bei diesen zusammengesetzten Wörtern: Woran machen wir das Geschlecht eines zusammengesetzten Wortes fest? Am ersten Wort?"

„Nein, das ist zu billig. Nie die erste Wahl nehmen … Machen wir's am letzten Wort fest."

„Gut … Sag mal, noch etwas: Die Konjugationen, die wir letztes Mal erfunden haben, die gelten doch jetzt für alle Verben, oder?"

„Um Himmels Willen, natürlich nicht! Los, erfinde schnell noch ein paar Dutzend unregelmäßige Verben, die keinerlei Regelwerk unterstehen, und füge sie unserer Liste hinzu. Und vergiss nicht zu betonen, dass zusammengesetzte Verben meistens geteilt werden müssen, wobei man die beiden Teile dann über den Satz verstreut findet: einen Teil in der Mitte des Satzes und den anderen am Satzende."

„In Ordnung. Sag mal, hättest du noch ein bisschen Zeit? Es gäbe da noch eine letzte Sache, die wir angehen müssten."

„Worum geht's? Und warum wedelst du mit diesem kleinen Zettel in deiner Hand herum?"

„Ich habe mir hier drei Artikel notiert. Als Vorschlag für die drei Geschlechter, die wir doch erschaffen wollten."

„Drei? Wie einfach gestrickt du doch bist, Eure Durchlaucht Herzog Karl. Geh, hol mir einen ordentlichen Stapel Papier aus meinem Büro und folge mir ins Wohnzimmer. Gerade an diesem Teil werden wir nach der Pause sehr, sehr ausführlich arbeiten. Und diesen kleinen albernen Zettel da kannst du gleich wegwerfen. Wir werden die Artikel so gestalten, dass sie jeden Lernenden restlos entmutigen … Denkst du das, was ich gerade denke?"

„Du meinst, dass wir die Artikel so konstruieren, dass sie, wenn man sie rückwärts liest, den Satz: ‚Träum nicht einmal davon, diese Sprache zu lernen, du bescheuerter Ausländer' ergeben?"

„Oh, là, là, wie es scheint, habe ich inzwischen einen wahren Teufel aus dir gemacht! Und mir war nichts Fieseres eingefallen, als dass wir den weiblichen Artikel je nach Fall zu einem männlichen werden lassen. Weißt du, langsam bekomme ich das Gefühl, dass wir ein sehr gutes Team werden, Eure Durchlaucht Herzog Karl."

Wohnungsbesichtigung

„Ich danke Ihnen, Herr … ähm … Ich hätte ja nie gedacht, in Berlin etwas dermaßen Günstiges zu finden. Ich freue mich schon auf das Zimmer."

„Tja, was kann ich sagen? Früher war Berlin ein regelrechtes Paradies für Wohnungssuchende. Heute ist es die reinste Hölle für all diese Studenten und Künstler, die hier wohnen wollen."

„In der Tat, wie recht Sie doch haben, Herr Müller. Das habe ich jetzt schon oft gehört … Dürfte ich Sie Rudolf nennen?"

„Nein."

„Ich wollte meinen Augen erst gar nicht trauen, Herr Müller, als ich plötzlich auf Ihre Anzeige stieß. Vor allem, als es mir dann endlich unter großen Anstrengungen gelang, inmitten all der kryptischen deutschen Sätze den Mietpreis herauszulesen. … Ich höre, Sie sprechen ein gutes Englisch! Wieso haben Sie Ihre Anzeige eigentlich nicht zweisprachig geschaltet? Wäre das nicht in Ihrem Sinne gewesen, um beispielsweise mehr Menschen zu erreichen?"

„Nein."

„Ich bin ein wenig erschöpft. Diese Treppe scheint überhaupt nicht enden zu wollen. Außerdem wird mir gerade, glaube ich, schwindlig. Die weite Anfahrt … Ich musste drei Mal umsteigen …"

„Wissen Sie, liebe Rasta …"

„Rasha."

„Ja, ja, das hatten Sie mir ja bereits erzählt, dass Sie aus Russland kommen."

„Ähm, eigentlich … Na ja, wie dem auch sei. Sie haben recht."

„Oder sind Sie etwa gar keine Russin, Rasta?"

„Na doch, doch … Also, sagen wir, fast. Meine Vorfahren stammen aus Grosny. Sehen Sie, deswegen habe ich ja auch diesen leicht orientalischen Touch."

„Schon gut, schon gut, liebe Rasta. Was jedenfalls die Gegend hier betrifft, ist sie in der Tat ein kleines bisschen entfernt vom Stadtzentrum. Aber Sie wissen ja, ein zentraler gelegenes Zimmer in Berlin würde mindestens das Doppelte kosten."

„Dessen bin ich mir natürlich bewusst. Ist ja auch überhaupt kein Problem. Ich bin an widrige Umstände gewöhnt … Eine wahre Tigerin, werter Herr Müller!"

„Es gäbe jedenfalls auch einen Weg, wie Sie Ihre Fahrtzeit auf läppische eindreiviertel Stunden verkürzen können. Dafür müssen Sie nur die öffentlichen Verkehrsmittel richtig zu nutzen wissen und sich nicht allein auf den S- und U-Bahn-Verkehr beschränken."

„Ach, das ist ja toll! Und wie genau soll das gehen?"

„Also. Zuerst nehmen Sie die U7. Nach fünf Stationen steigen Sie in die S13 um. Dann kommen Sie an das Ufer eines Sees. Dort nehmen Sie ein Schiff und fahren damit ans andere Ufer, wo Sie ein beinahe völlig verlassenes Gelände vorfinden werden. Dort steht eine zu den Berliner Verkehrsbetrieben gehörige Elefantenherde. Steigen Sie auf einen Elefanten Ihrer Wahl, Sie können einfach mit demselben BVG-Ticket auf ihm reiten. Dann kommen Sie an einen kleinen Bach. Den müssen Sie schwimmend überqueren, und dann nehmen Sie wieder die S44, anschließend steigen Sie in ein Atom-U-Boot, mit dem müssen Sie nur eine Station fahren. Von dort nehmen Sie den Langstreckenbus, und die restlichen sieben Kilometer gehen Sie dann einfach zu Fuß."

„Oh, das muss ich mir unbedingt notieren. Wirklich, hochinteressant. Herr Müller, jetzt ist mir plötzlich übel. Kann es sein, dass im Gebäude etwas penetrant riecht?"

„Daran werden Sie sich mit der Zeit sicher gewöhnen. Und der Geruch bedeutet auch, dass wir uns langsam dem Zimmer nähern! Wissen Sie, manchmal verstoßen hier einige Mieter gegen die Hausordnung."

„Diese Flegel!"

„Ja, kommen sturzbesoffen nach Hause und legen los, noch bevor sie ihr Bett erreicht haben …"

„Verstehe …"

„Manchmal schafft es aber auch die eine oder andere Ratte nicht mehr aus ihrem Wandloch und verendet dann vor Hunger und Kälte, um letztendlich im Wandinneren zu verwesen. Ich hoffe, Sie haben damit kein Problem?"

„Aber nein … wer stört sich denn an solchen Kleinigkeiten?"

„Das ist sehr löblich von Ihnen, liebe Rasta. Und da wären wir auch schon beim Zimmer! Warten Sie hier bitte kurz auf mich, ich muss mal eben auf den Balkon springen und die Tür von innen aufmachen."

„Haben Sie keinen Schlüssel, Herr Müller?"

„Tja, wissen Sie … Irgendwann gab es tatsächlich einmal einen Schlüssel, aber eine Mieterin hatte ihn nach einer Feier irrtümlicherweise für einen Dildo gehalten. Unter uns gesagt, ich glaube, dass sie einen starken Heroinrausch hatte. Na ja, jedenfalls ist sie daraufhin mitsamt dem Schlüssel spurlos verschwunden. Keiner hat sie je wieder gesehen. Ich habe ja ehrlich gesagt den schlimmen Verdacht, dass sie verstorben ist. – Ist Ihnen nicht auch aufgefallen, wie der Verwesungsgeruch hier auf einmal intensiver wird? Zuerst dachten wir, es sei wieder eine Ratte, aber … Ja, was haben Sie denn, Rasta? Möchten Sie mir vielleicht etwas sagen?"

„Also … ein paar Fragen hätte ich schon noch … Nicht, dass ich etwas zu beanstanden hätte … Einfach so, pure Neugierde. Egal … Vielleicht muss ich es auch nicht wissen."

„Jedenfalls habe ich mich dann um die Sache mit dem Schlüssel nicht weiter gekümmert. Er funktionierte ohnehin nicht richtig. Außerdem können sämtliche Mieter des Hauses Ihr Zimmer auch mit ihren Schlüsseln aufsperren. Bitten Sie sie doch einfach gegebenenfalls um Hilfe."

„Herr Müller ... Da ist jemand im Zimmer, der ziemlich krank aussieht!"

„Ach, das ist Luigi, Ihr Mitbewohner. Sag Hallo zu Fräulein Rasta, Luigi! Oh, heute scheint er schlechte Laune zu haben. Keine Sorge, Rasta, er hat ein außerordentlich gutes Herz. Sein Gesicht hat nur deswegen diesen leichten Grünstich, weil er neulich beträchtliche Mengen an Wandfarbe verschluckt hat. Seitdem knurrt er ununterbrochen so. Das sind die Magenschmerzen. In den siebziger Jahren war er ein bedeutender italienischer Kunsttheoretiker. Aber Sie wissen ja selbst, wie grausam diese Welt zu Künstlern ist."

„Herr Müller, neben dem Fenster steht jemand, der gerade dabei ist, seinen Arm aufzuessen!"

„Ach so, ja, das ist Murat. Sie werden sich blendend mit ihm verstehen! Er ist ein alter türkischer Computerspieldesigner. Er ist nur ein ganz klein bisschen kritikunfähig, versuchen Sie also am besten, die erste Konversation gleich mit einer positiven Bemerkung über sein neues Computerspiel zu beginnen. Stören Sie sich dabei nicht an der miserablen Ästhetik und dem nervtötenden Soundtrack: Der Mann hat eine Botschaft."

„Und die wäre?"

„Nun, wissen Sie, Murat ist ein verbissener Kemalist und derzeit ziemlich bestürzt über die aktuelle politische

Lage in seinem Heimatland. Seit Jahren arbeitet er nun schon an einem Computerspiel, in dem ein Atatürk klitzekleine Erdoğane zertritt und anschließend verschlingt. Na, wie dem auch sei, Ihre restlichen Zimmergenossen lernen Sie am besten bei der täglichen Hausparty kennen, die im Übrigen auch der geeignetste Zeitpunkt ist, sich mit den anderen zu einigen, wer als nächstes an der Reihe ist, auf der Matratze zu schlafen, beziehungsweise die Bettdecke zu benutzen."

„Kein Problem. Ich kann auf dem Boden schlafen … Diese Matratze, ich weiß ja nicht … Sie sieht aus, als würde sie sich bewegen … Genau genommen, als würde sie gerade Anlauf nehmen …"

„Vergessen Sie bitte nicht, alle für die Vertragsunterzeichnung notwendigen Unterlagen mitzunehmen: einen gültigen Reisepass, eine Steuerkarte, eine SCHUFA-Auskunft, ein Familienbuch, eine gültige Arbeitserlaubnis, sämtliche Immatrikulationsbescheinigungen und Schulzeugnisse und eine Blutspendenhistorie von Ihrer Geburt bis heute."

„Herr Müller …"

„Ja, meine liebe Rasta."

„Meinen Sie, Herr Luigi hätte etwas dagegen, wenn ich auch so ein paar Dosen Wandfarbe essen würde?"

„Das kann ich Ihnen nicht sagen, das müssen Sie schon selbst herausfinden. Er ist, wie gesagt, nicht immer bester Laune. Aber keine Sorge, ich bin mir darüber im Klaren, dass Sie als Russin auch so Ihre Eigenarten haben. Dennoch wünsche ich mir, dass Sie sich streng an die Hausordnung halten. Sie hatten mir doch gesagt, dass sie ursprünglich aus Grosny stammen?"

„Jawohl, Herr Müller. Das hatte ich gesagt."

Deutsch lernen in der Schule des Lebens

Wenn man in Deutschland einen Asylantrag gestellt hat und diesem stattgegeben wird, hat man die Pflicht, bis zu einem gewissen Niveau Deutsch zu lernen. Bis dieses Niveau erreicht ist, wird man vom Jobcenter unterstützt. Was mich betrifft, wollte ich die Sprache so oder so lernen, ohne dass man mich dazu hätte verpflichten müssen. Es liegt auf der Hand, dass ich mich mit den Leuten hier verständigen können möchte, an diesem Ort, den ich gerade zu meiner neuen Heimat zu machen versuche. Zumindest würde ich gern endlich in der Lage sein, meinen Behördenkram alleine zu erledigen, ohne auf die teuren Dienste von Dolmetschern zurückgreifen zu müssen, wenn ich nicht wieder meine Freunde anbetteln will, auf Behördengänge mitzukommen, bei deren bloßer Erwähnung sie entnervt die Augen verdrehen.

Okay, vielleicht ist es nicht seit jeher mein Traum gewesen, die deutsche Sprache zu lernen. Genauer gesagt kam mir Deutsch eigentlich immer fremd und total abwegig vor. Damaskus war ein Paradies für Piraterie, in dem keine Copyrights für irgendetwas existierten. Man konnte dort jede nur erdenkliche CD zum Spottpreis von 50 syrischen Pfund bekommen, was in etwa einem US-Dollar entspricht. Deshalb konnte ich mir die Gewohnheit leisten, alles zu kaufen, was mir an CD-Sprachkursen unter die Finger kam. Ich hatte wirklich jedes Mal die Hoffnung, all diese Sprachen zu lernen, lernte aber am Ende immer nur die erste Lektion, bevor sich die CD im kreativen Chaos meines Zimmers auf Nimmerwiedersehen verlor. So sammelte sich bei mir nach und nach ein seltsamer Wortschatz verschiedenster Fremdsprachen an, je nachdem, was die erste Lektion des jeweiligen CD-Sprachkurses enthalten hatte. Auf Italienisch, wo es bei Lektion eins um Essen und Trinken ging, weiß ich beispielsweise, wie man „eingelegte Gurken" und „Bohnen" sagt, ich kenne auch noch ein paar Obstsorten, kann aber keinen einzigen Satz bilden. Bei der Spanisch-Lern-CD hieß die erste Lektion „Im Hotel". Diese spanische CD war allerdings etwas merkwürdig. Die Figur, die einem die Lektionen präsentierte, war eine Art Hund, der einen mexikanischen Hut trug. In der ersten Lektion lernte man, wie der Hund in einem Hotel ein Zimmer für eine einzige Nacht reserviert, aber ohne Bad, denn er konnte ja, wie es hieß, „nach draußen gehen und den Wasserschlauch auf der Straße benutzen". Diese Informationen nutzten mir überhaupt nichts. Nicht einmal, wenn ich die Geschichte spanischsprachigen Leuten erzählte, um das Eis zu brechen, denn die fanden das immer überhaupt nicht lustig. Vom Hebräischen habe ich beispielsweise Teile der Thora auswendig gelernt – aus mysteriösen Gründen mit amerikanischem Akzent. Vom Französischen habe ich ein paar Fragesätze gelernt, und als ich schließlich beim Deutschen angelangt war, gab ich mir wirklich Mühe, zumindest die erste Lektion bis zum Ende zu lernen, doch das Einzige, was davon hängengeblieben ist, ist das zugegebenermaßen einfache Wort „Kuchen". Ich hätte mir aber auch nie träumen lassen, dass es von all diesen Sprachen ausgerechnet das Deutsche sein würde, das ich eines Tages wirklich brauchen würde, und dass ich viele Jahre später in Deutschland als Flüchtling enden und bitter bereuen würde, dass ich dieser Sprache nicht vorher schon genug Aufmerksamkeit geschenkt hatte.

Als ich schließlich gesetzlich dazu verpflichtet war, mittels eines Integrationskurses in einer Sprachschule Deutsch zu lernen, weigerte ich mich zuerst. Ich wollte es nicht so lernen, ich glaubte nicht daran, dass Schulen imstande sein können, einem Menschen eine Sprache zu vermitteln.

Bei einem meiner Jobcenter-Termine fragte mich mein Berufsberater nach der Sprachschule, an der ich mich für einen Integrationskurs angemeldet hatte. Er bat mich, ihm meinen Registrierungsnachweis zu geben. Da überreichte ich ihm einen großen Briefumschlag. Als er ihn öffnete, fand er darin einen unverhältnismäßig kleinen Zettel, auf dem handschriftlich geschrieben stand: „Schule des Lebens". Sichtlich irritiert drehte er den Zettel mehrmals in seiner Hand um.

„Das ist ja wirklich ganz, ganz kreativ von Ihnen, liebe Frau Abbas. Dennoch möchte ich noch einmal auf die

Frage zurückkommen, die ich Ihnen ja bereits bei unserem letzten Termin gestellt hatte … Wissen Sie, einige Leute, die aus Kriegsgebieten kommen, haben eventuell ein paar psychische Schäden davongetragen. Sollten Sie irgendwie den Verdacht haben, dass vielleicht auch Sie davon betroffen sind, sind wir voll und ganz dazu bereit, Sie zu unterstützen. Brauchen Sie psychologische Unterstützung?"

„Nein danke, es geht mir bestens", sagte ich nervös.

„Sind Sie sich sicher, dass Sie kein psychisches Problem haben, das Sie zur Gefahr für sich und die Gesellschaft machen könnte?"

„Aber natürlich nicht! Es geht mir prima", sagte ich, während ich mit einem Messer auf den Teddybären auf meinem Schoß einstach und seine Füllung herauspulte.

Ich lief aus dem Jobcenter-Gebäude, nachdem der Beamte mich aus seinem Büro geworfen hatte, ohne sich überzeugen lassen zu wollen, dass ich wirklich in der Schule des Lebens Deutsch lernen würde. Stattdessen hatte er von mir verlangt, das nächste Mal die Bescheinigung einer der von der Ausländerbehörde beauftragten Sprachschulen mitzubringen.

Fuck the System! Ich beschloss, auf die Straße zu gehen und in Rekordzeit autodidaktisch Deutsch zu lernen. Dann würde ich ins Jobcenter zurückkommen und es dem Beamten zeigen! Ihm würde die Spucke wegbleiben und er würde zugeben müssen, dass meine Theorie stimmte. Um mich zu motivieren, begann ich, mir die Youtube-Videos eines jungen Iren namens Jimmy reinzuziehen, der neun Sprachen spricht und sagt, sein Erfolgsgeheimnis sei einfach, ganz in die Sprachen einzutauchen und mit den Leuten zu sprechen. Er sagte, er „werfe sich selbst" einfach in das Umfeld, dessen Sprache er lernen wollte.

Diese Vorstellung gefiel mir, und ich beschloss, sofort rauszugehen und mich auch in die Sprache zu werfen. Ich stieg in einen Bus und versuchte, mich zu erinnern, was genau mein Freund dem Busfahrer zu sagen pflegt, wenn er für uns Fahrkarten kauft. Ich blieb ein wenig dämlich vor dem Busfahrer stehen und sah ihn an, in der Hoffnung, mich zu erinnern. Plötzlich schoss mir die Lösung durch den Kopf und mir entfuhr so laut, dass der Mann zusammenzuckte:

„Zwei Mal zwei Zonen, bitte."

Der Busfahrer blickte verunsichert hinter mich, um zu sehen, ob noch jemand mit mir fuhr. Dann fragte er mich etwas. Ich verstand ihn nicht und wiederholte beharrlich das einzige, was ich sagen konnte:

„Zwei Mal zwei Zonen, bitte."

Da gab er mir zwei Tickets anstelle von einem. Ich wusste nicht, wie ich ihn auf diesen Fehler aufmerksam machen sollte. Dann dachte ich mir wiederum, dass das vielleicht so üblich ist. Dass man immer zwei Tickets kaufen muss: eins für den Hinweg und eins für den Rückweg.

Jetzt fiel mir auf, dass die anderen Passagiere mich irritiert anstarrten, aber ich schenkte ihnen keine Beachtung. Ich setzte mich auf einen freien Platz, zog meinen Teddybären aus der Handtasche, dem wegen meiner Messerstiche die Füllung schon überall heraushing, setzte ihn auf den Platz neben mir und begann, laut Deutsch zu üben, indem ich mich in einfachen Sätzen mit ihm unterhielt. Nun stieg der Fahrkartenkontrolleur ein. Kurz bevor er bei mir angelangt war, rief ihm der Busfahrer hinter seiner Absperrung etwas zu, was ich nicht verstand, worauf der Kontrolleur mich ausließ.

Auch im Café versuchte ich zu üben, doch das lief gar nicht gut. Ich hatte mir angewöhnt zu sagen: „Guten Tag, ich möchte bitte eine Tasse Kaffee." Aber nein, natürlich wollte der Kellner oder die Kellnerin sich nie mit einem schlichten „Ja, das gibt es" oder „Nein, das gibt es nicht" begnügen. Denn das wären die einzigen Sätze gewesen, die ich verstanden hätte. Immer mussten sie mit unglaublich langen Gegenfragen antworten, von denen ich kein Wort verstand, von wegen wie ich meinen Kaffee denn nun genau trinken oder ob ich nicht doch noch etwas essen wollte, zum Beispiel etwas aus dem Kuchensortiment.

Die Sache mit dem menschlichen Umgang funktionierte noch nicht so, wie sie sollte, also beschloss ich, gezielter vorzugehen. Ich registrierte mich auf einer Online-Sprachbörse, wo man Sprachtandem-Partner kennenlernen konnte, also jemanden, der beispielsweise Arabisch lernen will und einem im Gegenzug Deutsch beibringt. Alles, was mir diese Seite einbrachte, waren die Kennenlern-Versuche von zwei Typen, die selber Araber waren, oder zwielichtige Nachrichten wie:

„Hey. Ich kann dir Deutsch beibringen, wenn du zu mir nach Hause kommst."

Ja, aber natürlich doch, Herr fremder Mann, von dem ich nichts weiß, außer dass Ihr Pseudonym auf dem Forum *Mr. Punisher 69* ist, na klar doch! Warum sollte ich auch nicht zu Ihnen nach Hause gehen wollen? Wer von uns würde sich denn nicht gerne am nächsten Morgen in Stücke gehackt und in Mülltüten verpackt über die ganze Stadt verteilt wiederfinden?

Fast hätte ich die Hoffnung verloren, doch ein Blick auf meinen Kleiderschrank, an den ich mir ein Foto von Jimmy, dem Youtube-Sprachgenie, gepinnt hatte, gab mir neue Motivation.

Ich akzeptierte, dass es noch einiger Vorbereitung zu Hause bedurfte, bevor ich in der Lage sein würde, auf die Straße zu gehen und einfach drauflos zu quatschen. Ich fing also an, mir Trickfilmserien auf Deutsch anzusehen, wie zum Beispiel die Schlümpfe, was allerdings nicht sehr effizient war, da ich mich so anstrengen musste, der Handlung zu folgen, dass ich darüber vergaß, mich auf die Sprache zu konzentrieren. Ich versuchte es mit Webseiten zum Deutschlernen und heiteren deutschen Seifenopern.

Ich hörte mir deutsche Schlager an und bei den Computerspielen auf meinem Rechner stellte ich die Sprache auf Deutsch um. Trotz all meiner Bemühungen blieben nur folgende Phrasen hängen: Entschuldigen Sie, Auf Wiedersehen, Wie viel kostet das, Neunundneunzig Luftballons, Guten Tag.

Nun hatte ich die Hoffnung verloren. Ich ging hinaus auf die Straße und bat den lieben Herrgott, mir ein Zeichen zu senden, einen Hinweis, was ich tun sollte, um auf revolutionäre Weise Deutsch zu lernen. Lange lief ich durch die Straßen, von einem Zeichen keine Spur. Plötzlich sah ich ein Gesicht, das mir bekannt erschien. Ich trat näher heran, um sicher zu gehen. Konnte das überhaupt sein? Es war ein junger, wie ein Tourist wirkender Mann, der die Passanten in gebrochenem Deutsch nach dem Weg fragte:

„Sir? Oh, Herr! Hallo, kennen Sie wo is, I mean, ist hubbanhof? Wie gehe ich nach sie?"

Oha. Der spricht ja noch schlechter Deutsch als ich! Ich kam ein paar Schritte näher und tatsächlich: Er war es. Mit grimmiger, drohender Miene trat ich an ihn heran. Er wollte gerade wieder loslegen und mich nach dem Weg zum Hauptbahnhof fragen.

„Bist du nicht Jimmy? Jimmy, der Sprachmagier?"

Einige Sekunden lang sah er mich entgeistert an, dann rannte er davon. Ich stürzte ihm hinterher, verfolgte ihn durch mehrere Straßen. Er versuchte mir zu entwischen, indem er über Zäune und Mauern kletterte, doch ich blieb ihm dicht auf den Fersen, bis ich ihn schließlich am Kanal einholte und an seiner Jacke zu fassen bekam.

„In einem deiner Videos sprichst du angeblich besser Deutsch als Nietzsche, mein lieber Jimmy, stimmt's? Stimmt das oder stimmt das nicht, Jimmy?"

„Ja, ja, ich spreche ja auch fließend Deutsch! Ich weiß auch gar nicht, warum du mich das fragst. Ich mache nun einmal gerne Feldforschungen, und um die Reaktionen der Leute auszutesten, tue ich dabei so, als könnte ich kaum Deutsch."

„Sehr schön, dann bitte beflügele mich, du Sprachenvogel. Sag mir: Wie würdest du folgenden Satz ins Deutsche übersetzen: ‚Papa Schlumpf! Gargamel hat unseren gesamten Getreidevorrat verbraucht'!?"

„Papa Schlumpf Gargamel Brot tot." Ich ließ seine Jacke los. Als er wieder zu Atem gekommen war, begann er, von sich aus zu reden:

„Hast du etwa allen Ernstes geglaubt, ich würde neun Sprachen sprechen und dann auch noch Deutsch? Ich war lange arbeitslos. Jeden Tag wartete ich auf den Ladenschluss, um beim Bäcker die kalten, heruntergesetzten Reste verpackter Sandwiches vom Vortag zu kaufen. Irgendwann kam mir die Idee mit den Youtube-Videos. Anfangs probierte ich alles Mögliche aus, ohne Erfolg. Mein erstes Projekt war ein Youtube-Kanal mit dem Namen *Inadäquates Futter*, mit Videos von Tieren, die etwas fressen, was sie nicht fressen sollten. Zum Beispiel Ziegen, die Zeitungen fressen, oder Katzen, die Spaghetti fressen, oder Hunde, die …"

„Ich hab schon verstanden, du brauchst nicht weiterzureden. Ich weiß, dass manche Hunde so etwas fressen."

„Na ja. Leider bekamen die Videos des Kanals kaum Views."

„Wieso wohl nur. Wie merkwürdig."

„Ich probierte alles Mögliche aus. Bis mir schließlich das einzige einfiel, mit dem ich mich von der Masse abhebe: die Tatsache, dass ich in allen möglichen Sprachen einen oder zwei Sätze sagen kann."

„Ja, dieses Gefühl kenne ich gut."

„Und so kam mir die Idee, Videos zu drehen, wo ich den Zuschauern Tipps gebe, wie sie Sprachen ganz unkonventionell selbst lernen können, und behaupte, neun Sprachen komplett zu beherrschen. Die Videos erreichten sehr hohe Zugriffszahlen, so viele, dass mir die Views irgendwann Geld einbrachten."

„Willst du etwa damit sagen, dass selbst das berühmte Japanisch-Lern-Video …"

„Nicht ein einziges Wort. Ich kann auf Japanisch nur von eins bis zehn zählen. Das Video wurde auch nur wegen der Hentai-Szenen so oft angeklickt, die ich für den Hintergrund ausgewählt habe."

„Ja, ja, die waren wirklich zauberhaft … Also, du glaubst in Wirklichkeit gar nicht, dass man Sprachen alleine lernen kann, auf der Straße und indem man mit Menschen redet?"

„Absolut nicht. Das ist unmöglich."

„Hatte ich mir fast schon gedacht. Geh mit Gott, Jimmy. Was ich bis jetzt von dir kennengelernt habe, reicht mir."

„Danke, aber könntest du mir noch zeigen, wie ich zum Hauptbahnhof komme?"

„Geh mit Gott, Jimmy, aber geh, sage ich dir, bevor ich dir den Weg zum Hauptbahnhof der Unterwelt zeige, die unter der Herrschaft des Gottes Hades steht."

Jimmy löste sich im Gedränge auf. Ich blieb zurück und grübelte, was nun zu tun sei. Schließlich ging ich nach Hause. Ich schrieb einen Brief und schickte ihn tags darauf an den Beamten des Jobcenters, der für meine Akte zuständig war:

„Sehr geehrter Herr Schneider, hiermit möchte ich Sie davon in Kenntnis setzen, dass ich zwar zur Schule des Lebens gegangen bin, sie aber geschlossen vorgefunden habe. Ich bitte Sie, mein Gesuch anzunehmen und mich bei einer Schule Ihrer Wahl zu registrieren. Herzlichen Dank. Anmerkung: Ich würde gerne mehr über den psychologischen Beratungsdienst in Ihrem Angebot erfahren."

Verbesserungsvorschläge für die Lehrpläne von Integrationskursen

Natürlich ist mein Leben, seit ich einen Integrationskurs besuche, um einiges leichter geworden. Immerhin bin ich jetzt in der Lage, ein paar einfache deutsche Sätze von mir zu geben. Obwohl das vermutlich die Rate chronischer Erkrankungen bei Verkäufern und Kellnern in die Höhe treibt, weil ich sie die ganze Zeit für meine Sprechübungen missbrauche und auf Teufelkommraus darauf bestehe, an ihnen mein gebrochenes Deutsch zu testen. Besonders beim Geldzählen. Das macht mir am meisten Spaß. Jedes Mal lasse ich mir so richtig Zeit, während ich in aller Ruhe mein Geld zähle und den Kellner oder Verkäufer dabei warten lasse.

Dennoch hätte ich ein paar nützliche Vorschläge, wie man die Lehrpläne der Integrationskurse noch effektiver für Flüchtlinge gestalten könnte.

1.

Ein zusätzliches Kapitel über den Umgang mit Drogendealern.

Insbesondere in Berlin besteht ein wachsender Bedarf für ein solches Kapitel. Bevor ich nach Berlin kam, hat mir noch niemand auf der Straße Drogen angeboten, und ehrlich gesagt weiß ich bis heute nicht, wie ich damit umzugehen habe. Soll ich beispielsweise laut schreien und davonlaufen? Oder gibt es einen speziellen Verhaltenscode? Was mir persönlich lieber wäre. Eigentlich ist es nämlich auch die krasse Direktheit des Angebots, die mir jegliche Lust nimmt, es auszuprobieren. Wenn die Dealer sich nur etwas verschlüsselter ausdrücken würden, würde ich ihre Offerten vermutlich verlockender finden. Zum Beispiel: „Hallo, hallo, ich habe hier schönes Grün!" Aber das wäre wieder ein anderes Thema, das man etwa in einem Kapitel mit dem Titel „Verbesserungsvorschläge für die Verkaufsstrategie von Drogendealern" behandeln könnte. Zurück zu unserem ursprünglichen Gegenstand, dem Lehrplan des Integrationskurses. Ich sage es noch einmal: Übungssätze, anhand derer wir beispielsweise lernen, den Herren Drogendealern „Nein, vielen Dank. Ich möchte keine Drogen" oder „Ja, geben Sie mir bitte fünf Gramm" zu sagen, wären dringend in den Lehrbüchern vonnöten.

2.

Bei allem Respekt vor der Reihenfolge der Lektionen in ihrer jetzigen Form – es gibt da zwei Dinge, die einem Flüchtling gleich zu Anfang seines Lebens in Deutschland besondere Alpträume bereiten: die Behördengänge und die Wohnungssuche. Deswegen wäre es ideal, wenn der Lehrplan direkt zum Einstieg ausführliche Übungen zu diesen beiden Themen vorsähe, mithilfe derer die Schüler ihre Gespräche einerseits in allen Behörden, vom Bürgeramt bis zum Jobcenter, und andererseits bei Wohnungsbesichtigungen vorbereiten könnten.

3.

Die Geschichten in unserem Unterrichtsbuch sind zwar herzallerliebst, wie zum Beispiel die Geschichte von Jan und Sara, die unter ihrer Fernbeziehung leiden, doch für arabische Augen sind sie offen gestanden ziemlich reizlos, da Araber heftigere Formen von Drama gewohnt sind.

Insofern wäre es nützlich, wenn man in die Lehrbücher Geschichten über Schwiegermütter-Intrigen und Schwägerinnen-Kriege einbauen würde. Wieso lernen wir nicht den Dativ durch die Geschichte von Frau Schneider, deren Sohn Uwe eine Sabine heiratet, die bei ihnen einzieht und versucht, einen Keil zwischen Mutter und Sohn zu treiben? Schließlich geht Sabine zu einer Hexe, von der sie sich Zauberamulette gegen Frau Schneider anfertigen lässt. Diese jedoch, gerissen wie sie nun einmal ist, entdeckt die Amulette rechtzeitig zwischen den Zimmerpflanzen, vereitelt Sabines Voodoo-Versuche und unternimmt erste strategische Schritte, die dazu führen sollen, dass Uwe sich von ihr scheiden lässt. Dafür verbündet sie sich mit Uwes türkischer Ex-Freundin Burcu und setzt alles daran, diese zu Uwe zurückzubringen … Bei diesen Liebesgeschichten wäre auch zu beachten, dass sie immer risikobeladen sein sollten. Beispielsweise könnte der Vater der Freundin dem Liebespaar mit Mord drohen, weswegen sie sich immer im Dunkeln treffen müssen und so weiter. Auch geeignet wäre eine Liebesgeschichte, in der ein Mädchen aus armen Verhältnissen mit einem reichen Jungen zusammenkommt, dessen Familie sich dann weigert, sie als Braut für ihren Sohn zu akzeptieren oder umgekehrt.

4.

Es ist schön, wenn man viele unterschiedliche Geschichten in seinem Lehrbuch findet, vor allem, wenn sich darunter auch die eine oder andere befindet, bei der man sich wie zu Hause fühlt. Zum Beispiel die Geschichte von Ahmad, der seit dreißig Jahren ohne Aufenthaltsgenehmigung in Deutschland lebt und auf einem Schrottplatz arbeitet. Anhand der Fragen, die der Steuerfahnder dem steuerflüchtigen, schwarz arbeitenden Ahmad stellt, könnten wir beispielsweise die Fragesätze üben. Oder die Geschichte von Dschumana, die von ihren Eltern zu einer Hochzeitsfeier eingeladen wird. Diese Hochzeitsfeier verwandelt ihre Mutter in die militärische Mission, unter den Söhnen der zur Hochzeit eingeladenen Verwandten einen potenziellen Bräutigam für Dschumana zu angeln. In dieser Lektion würde man lernen, wie man die anderen Eingeladenen über ihre Söhne und deren finanzielle Lage ausfragt und wie man ihnen anschließend die gute

Dschumana präsentiert und dabei ihre häusliche Ge-
schicklichkeit, ihren Anstand und ihre ausgezeichneten
Manieren lobt.

5.

Es müsste dringend eine Sonderlektion über Verabschie-
dungssätze hinzugefügt werden, die für das dreistündige
Verabschiedungsritual an der Türschwelle ausreichen.
Denn mir ist in meinem Lehrbuch etwas sehr Gefährli-
ches aufgefallen. Etwas, das unsere kulturelle Besonder-
heit so gar nicht berücksichtigt: Die Abschiedsformeln,
die wir lernen, sind viel zu kurz! „Auf Wiedersehen" …
ist das alles? Das könnte zum Ausbruch von Familien-
kriegen und zur Auflösung von Verlobungen führen. Es
ist absolut notwendig, dafür eigens ein ganzes Kapitel
zusammenzustellen, das auf Deutsch einen angemesse-
nen Dialog für die verlängerte Verabschiedung an der
Wohnungstür enthält.

Die Hipster-Apokalypse

Da ich aus einer Region komme, in der sich die Kultur der Katastrophenvorbereitung großer Beliebtheit erfreut, besitze ich die Fähigkeit, jedes noch so kleine Indiz einer sich nähernden Gefahr sofort zu bemerken. Wobei das in diesem Fall gar nicht nötig war. Um wahrzunehmen, dass zu jener Zeit in Berlin etwas nicht stimmte, bedurfte es weder eines ausgeprägten Spürsinns noch irgendwelcher sonstigen Vorkenntnisse.

Alles begann damit, dass mir eines Tages auffiel, wie die Menschen auf den Straßen immer weniger und weniger wurden. Zuerst schob ich es auf die beißende Dezemberkälte, doch einige Tage später begannen auch meine Lieblingscafés und -bars reihenweise über Nacht dicht zu machen. Ich hatte schon immer den Verdacht gehabt, dass es auch hier bald einen richtigen Krieg geben würde. Es gab nur einen Ort, an dem ich überprüfen konnte, ob mein Verdacht berechtigt war oder nicht. Schnell lief ich zum nächsten Einkaufszentrum. Als ich auf der Rolltreppe ins Untergeschoss hinabfuhr, konnte ich sehen, dass ich richtig gelegen hatte: Die Schlangen an den Kassen mit den warenbeladenen Menschen reichten bis an die Eingangstüren des Kaufhauses. Ohne einen Moment zu zögern, schloss ich mich dem Menschengewimmel an, während ich mir ins Gedächtnis rief, was meine Mutter in Situationen wie diesen zu tun pflegte.

Wenn bei uns zu Lande einmal wieder irgendein Gerücht die Runde machte, egal, ob es ein potenzieller Krieg mit den Israelis war, amerikanische Sanktionen oder ein Anstieg des Ölpreises, ob einer der Söhne des Präsidenten sitzengeblieben war, ob der Sänger Fikrat Toshka sich scheiden lassen wollte oder es einen Anstieg der Selbstmordrate in den skandinavischen Ländern gab: Um welche Art Krise es auch immer ging, meine Mutter liebte es vorzusorgen.

Dass umgehend Unmengen an Brot, Mehl, Linsen, Bulgur und sämtliche sonstige Grundnahrungsmittel mit langer Haltbarkeitsdauer gekauft werden mussten, verstand sich von selbst. Natürlich traten diese Katastrophen dann nie ein, was aber nicht hieß, dass wir nicht dennoch damit gestraft waren, wochenlang bis zum Umfallen Trockenbrot und Linsensuppe zu essen. Sonst hätten wir das alles ja vergebens gekauft.

Als ich den Supermarkt betrat, überlegte ich, wie ich meine Vorkenntnisse in Sachen Katastrophenvorbereitung, die ich meiner Mutter verdankte, am besten mit einem Hauch Berliner Schule kombinieren könnte. Also warf ich, abgesehen von den üblichen Mehlsäcken, mit denen ich rein gar nichts anfangen konnte, alles in den Einkaufswagen, was mir zwischen die Finger kam: Dosengerichte für je siebzig Cent, große Reispackungen und Olivenölflaschen. Dabei machte ich einen Bogen um Fleisch und alles, was schnell schlecht wird.

Unter großen Anstrengungen bahnte ich mir im Gedränge der Menschen, die wegen der Hektik und Enge bereits leicht aggressiv wurden, einen Weg zur Kasse. Nachdem die Kassiererin, kurz bevor ich an die Reihe kam, wegen des enormen Arbeitsdrucks in einem Weinkrampf zusammengebrochen war, gelang es mir schließlich zu zahlen. Auf dem Heimweg sah ich einen verwahrlosten Mann die Straße entlangtaumeln, der unentwegt rief: „Der verheißene Tag ist nah, der Weltuntergang ist nur einen Fußbreit entfernt!"

Nachdem ich zu Hause angekommen war, dachte ich mir, dass sich das Kommende sicher besser in Gesellschaft überstehen ließe. Ich rief also meine Freundin Tula an und bat sie, zu mir zu kommen. Als sie mich fragte, ob denn etwas passiert sei, sagte ich nur, ich könne am Telefon nicht darüber sprechen.

Als sie bei mir war, berichtete ich ihr als erstes davon, was in der Stadt vor sich gegangen war, denn aufgrund ihres hohen Haschischkonsums war sie die meiste Zeit geistig abwesend: Geschäfte, Cafés und Bars, die reihenweise schlossen, menschenleere Straßen, Menschen, die Einkaufszentren stürmten – all das konnte nur eines bedeuten:

„Die Hipster-Apokalypse ist nah!"

Von draußen hörten wir den Klang von Explosionen. Dann erhob sich das laute Bellen der Hunde der Stadt – das war normal, Hunde wittern Gefahren immer schon im Voraus. Da die Lage sich rapide verschlechterte, war es nun an uns zu überlegen, wie wir aus dem im Haus vorhandenen Material Waffen konstruieren konnten, um Widerstand zu leisten.

Zuerst gestalteten wir die Wohnung so um, dass wir uns gut verschanzen konnten, wenn die Raubzüge beginnen würden. Wir beklebten die Wohnungstür von außen mit sexistischen amerikanischen Postkarten und Werbeplakaten der Fünfziger. Diese würden die Angreifer einerseits abschrecken, andererseits ablenken, so dass wir genug Zeit gewinnen würden, unsere Waffen zu holen. Auf einem der Plakate war eine nackte Frau abgebildet, die neben einem Schuh auf dem Boden lag, über ihr der Slogan: „Lass sie dort, wo sie hingehört." Es sollte wohl eine Werbung für Herrenschuhe sein.

Je lauter die Schreie auf den Straßen wurden, desto nervöser wurden wir, während wir jeden Gegenstand im Haus auf der Suche nach Dingen umdrehten, die wir als Waffen benutzen konnten. Leider beschränkte sich unsere Waffen-Erfahrung auf Vampir- und Zombiefilme, also orientierten wir uns an dem, was man in diesen Filmen als Waffen einsetzte. Zum Glück fand meine Freundin im Küchenabfall leere Verpackungen von McDonald's. Diese zerschnitten wir und bastelten daraus einen Kartonspieß. Der Spieß war ins Herz des Hipsters zu stoßen, sollte dieser uns angreifen, wenn nicht, sollte er bei dessen Anblick leiden. Wir brauchten noch eine gute Weihwasser-

Alternative, die wir den Angreifern entgegenspritzen konnten. Lange rätselten wir herum, was wir verwenden könnten. Da fand meine Freundin die ideale Lösung: Wir nahmen einfach das Wasser, in dem das Dosenfleisch schwamm. Damit würden wir die Angreifer an ihrer Schwachstelle treffen, denn die meisten von ihnen waren vermutlich Vegetarier. Tula füllte das Fleischwasser in Pflanzensprühbehälter.

Schließlich mussten wir uns eine Kampfmontur anziehen. In meinem Kleiderschrank fand ich für mich und Tula teure Markenabendkleider, die einerseits Kommerz und Konsum verkörperten und andererseits von der Sorte waren, die den Körper der Frau verdinglichen und wie eine Ware präsentieren. Nun mussten wir nur noch unsere Gesichter für den Kampf bemalen wie die Kämpferinnen primitiver Stämme. Dafür suchten wir auf Youtube ein How-to-Video, das erklärt, wie man Kim Kardashians Contouring & Highlighting Make-Up aufträgt. Wir folgten den Anweisungen, bis wir das gewünschte Ergebnis erreicht hatten: ein Gesicht, das vor übereinander aufgetragenen Make-Up-Schichten ganz dick ist, mit einer Ästhetik, die dich schwanken lässt, ob das Verlangen, das du beim Hinsehen fühlst, sexueller Art ist oder doch eher eine Art Ausgrabungsverlangen darstellt, beispielsweise nach Erdöl oder archäologischen Stätten. Dann zogen wir uns Stöckelschuhe mit extrem hohen Absätzen an, und da uns noch immer niemand angegriffen hatte, blieb uns genügend Zeit, um noch ein paar letzte Änderungen am Haus vorzunehmen, um es gut gegen die Hipster zu wappnen.

Meine Freundin begann, getrocknete Schweine- und Schafshaxen als Deko an den Zimmerdecken aufzuhängen, während ich die gesamte Wohnung mit ausländerfeindlichen Postern und Stickern plakatierte. Plötzlich wurden wir übermütig. Die Poster der Pegida-Webseite und die Wahlsprüche von Donald Trump reichten uns mit einem Mal nicht mehr aus, wir wollten der Sache unsere eigene Handschrift verpassen. Also begannen wir, völlig sinnfreie extremistische Slogans auszudrucken, wie „Oh Gott, wie liebe ich doch den Faschismus!" und „Hoppla, das Dritte Reich spaziert vorbei" und „Die extreme Rechte blüht in meinem Herzen" und „Banken sind schon etwas Tolles".

Jetzt fehlte nur noch ein kleines Detail: Popmusik. Tula und ich saßen auf dem Sofa und warteten darauf, dass etwas passieren würde. Da keiner die Wohnung zu stürmen schien, blieben wir eine volle Stunde lang so sitzen, starrten ins Nichts und hörten alte Popsongs, die Tula aufgestöbert hatte.

„Sag mal, sind das 'N Sync?"

räusper „Ja."

„Nein. Echt jetzt, Tula?"

„Ja, ja, ich habe bis heute noch ein paar Alben. Aus purer Ironie natürlich."

„Ja, ja, schon klar."

Als wir einen Blick aus dem Fenster warfen, bot sich uns immer noch derselbe Anblick einer vollkommen reglosen Stadt. Niemand bewegte sich auf den dunklen Straßen, doch Explosionen waren weiterhin zu hören.

Schließlich beschlossen wir aufzugeben, das Licht auszuschalten und uns schlafen zu legen. In diesem Moment hörten wir ein sanftes Klopfen an der Wohnungstür. Wir blickten einander unsicher an, dann eilten wir auf Zehenspitzen zur Tür. War dies der Stil der Hipster-Apokalypse? Aber klar doch, Hipster stürmen natürlich nicht wie Zombies das Haus und schreien: „GEHIRN, GEHIRN!" Hipster haben ihren ganz eigenen Stil. Das musste man ihnen lassen: Bei einer Invasion höflich anzuklopfen, war wirklich ziemlich originell.

Wir pressten unsere Gesichter an die Tür und horchten. Kein nennenswertes Geräusch. Nach langen Beratungen beschlossen wir zu öffnen. Wer weiß, vielleicht war es ja am Ende nur einer meiner Nachbarn, der sich mit uns über die nahende Apokalypse beraten oder uns die Bombenschutzkeller zeigen wollte.

Wir machten die Tür einen Spalt breit auf und sahen zwei Frauen. Beide hatten altmodische Flechtfrisuren, sie trugen Vintage-Wollkleider mit dicken Strümpfen Marke turn off und formlose Lederschuhe. Tula flüsterte mir über die Schulter ins Ohr, ich solle bloß aufpassen, was ich sagte, die beiden sähen durchaus wie Hipster aus.

Vielleicht sollten wir für den Anfang erst einmal bluffen und so tun, als seien wir welche von ihnen, um herauszufinden, was sie überhaupt wollten.

Das überzeugte mich, und so nahm ich all meinen Mut zusammen und sagte zu den beiden Frauen, die lächelnd vor unserer Tür standen:

„Möge die Natur euch segnen!"

Tula flüsterte mir ins Ohr: „Was soll denn der Quatsch?", und ich wisperte zurück: „Ich weiß auch nicht, ich dachte, das wäre ein passende Hipsterbegrüßung."

Die beiden Frauen blickten auf meinen Gruß hin ziemlich verwirrt drein. Dann sagte die eine mit einem Lächeln:

„Dankeschön, Fräulein. Ich hatte mir gedacht, da wir ja offenbar nicht auf der Liste derer stehen, die keinen Zutritt zu Ihrer Wohnung haben, nutzen wir die Gelegenheit, um mit Ihnen etwas zu besprechen, was uns am Herzen liegt." Dabei zeigte sie auf die Tür, wo Tula im Sinne psychologischer Kriegsführung eine zusätzliche Liste neben die provokativen Werbeplakate aus den Fünfzigern aufgehängt hatte. Auf der Liste stand: „Bist du Flüchtling, Muslim, Jude, schwarz, arm, links, Vegetarier oder Veganer, dann klopf besser gar nicht an." Meine Güte, sie musste aber auch alles immer gleich übertreiben!

Unvermittelt fragte jetzt die zweite Dame:

„Warum, glauben Sie, existiert das Böse auf Erden?"

Ich lächelte verkrampft. Schließlich bat ich sie, mich für einen Augenblick zu entschuldigen. Dann beriet ich mich mit Tula:

„Die Lage ist sehr kritisch. Könntest du vielleicht schon einmal das Fleischwasser und den Speer aus den McDonald's-Verpackungen holen?"

„Geht klar. Und du bleibst währenddessen hier und lenkst sie weiter ab. Lass sie weiter glauben, du wärst eine von ihnen."

Ich wandte mich wieder der Dame zu und suchte eine clever klingende Antwort auf ihre Frage. Als ich die perfekte Formulierung gefunden und sie noch mit einer Prise literarisch-romantischem Witz verfeinert hatte, entgegnete ich:

„Ts, ts, ts … fragt man etwa das Opfer, ob es seinen Mörder kennt? Natürlich weiß ich die Antwort auf Ihre Frage: Das Böse auf Erden existiert aufgrund des globalen Imperialismus."

Die beiden Damen sahen einander verunsichert an. Dann mischte sich die erste wieder ins Gespräch:

„Aber warum, glauben Sie, gestattet es der Herr den Bösewichten, auf der Erde zu sein, wo er doch ein gerechter Herr ist?"

Schweißperlen rannen mir von der Stirn. Ich sah mich um. Tula war noch immer nicht aus der Küche zurückgekehrt. Bestimmt war sie auf dem Weg, die Waffen zu holen, vor der Versuchung der Bierflaschen im

Kühlschrank eingeknickt und ließ mich nun in dieser misslichen Lage allein. Von welchem Herrn sprach diese Dame nur? Ich war erst seit einem Jahr in Deutschland und konnte mir beim besten Willen nicht vorstellen, was ein Hipster meinte, wenn er vom „Herrn" sprach. Krampfhaft rief ich mir alle möglichen Sticker ins Gedächtnis, die ich in Kreuzberger Bars hatte kleben sehen. Schließlich sagte ich:

„Weil der Herr ganz genau weiß, dass die kapitalistischen Produktionsverhältnisse den Keim der Zerstörung bereits in sich tragen. Deshalb gibt er ihnen ein wenig Zeit, damit wir unsere Kräfte schonen können, so dass sie dann an unserer Stelle die Drecksarbeit erledigen und sich selbst zerstören."

Die beiden Damen schwiegen verblüfft, was mich dazu ermutigte, es noch weiter zu treiben. Mit dramatischer Theaterstimme fuhr ich fort:

„Der weise Herr, der Allwissende, der emotional mit seiner femininen Seite verbundene, schwule, transsexuelle Herr, der auf uns herniederschaut mit seiner Güte, einen Lendenschurz in Regenbogenfarben tragend, der pflanzenfressende Herr, der die Pelzträger mit roten Farbeimern verfolgt … ich sage euch: Dieser Herr weiß genau, dass die Konsumkultur in ihrem Kern bereits das enthält, was sie von innen her zersetzen wird. Deshalb fordert er uns, die wir seine treuen Anhänger sind, auf, uns damit zu begnügen, einfach eine tolle Zeit in unserem Leben zu haben und Drogen, Sex und Musik zu preisen, denn durch sie allein lebt unsere Seele. Amen."

Der Abschluss war wirklich perfektes Timing, denn in diesem Moment sprang Tula hinter mir hervor und besprengte die beiden Damen mit Fleischwasser, worauf diese panisch zurückwichen.

Dann erhob sie den McDonald's-Speer und schrie:

„Zur Hölle, zur Hölle mit euch, ihr Hipster!"

In diesem Moment steckte unser Nachbar seinen Kopf aus seiner Wohnungstür, um nachzusehen, was vor sich ging. Er war ein eigentümlicher junger Mann mit schulterlangen Haaren. Ständig machte er irgendwas im Treppenhaus, mal sah er nach der Post, mal tat er seine Wäsche in die gemeinschaftliche Waschmaschine, und immer trug er dabei nur seine Unterhose. Auf seinen Arm war ein umgedrehtes Kreuz tätowiert und die Lichter in seiner Wohnung waren immer aus.

Eine der Damen sagte, während sie sich angewidert das Fleischwasser aus dem Gesicht wischte: „Was soll denn das? Wir sind gar keine Hipster! Wir haben wirklich nur diese Aufkleber auf eurer Wohnungstür gesehen! Da wollten wir versuchen, euch zu unserem Glauben zu bekehren, damit auch ihr zu den Erlösten gehört."

Hier mischte sich der Nachbar ins Gespräch. Er sagte etwas verlegen:

„Also, ich würde, ehrlich gesagt, schon gerne mit euch reden, wenn ihr wollt!"

Die beiden Damen starrten ihn kurz an, dann verschwanden sie innerhalb eines Sekundenbruchteils aus unseren Augen. Ich glaube, dies war die schnellste menschliche Fortbewegung von einem Ort zum andern, die ich je mit eigenen Augen gesehen habe, schneller als Rennen, schneller als Springen. Fast könnte ich schwören, dass das, was ich da sah, der erste Gebrauch von Teleportation in der Menschheitsgeschichte war.

Nach dem Verschwinden der Damen sagte der junge Mann:

„Tja. Wie immer. Die Menschen können mich aufgrund meines Aussehens nicht leiden. Sie fürchten sich vor meinem ollen Tattoo, das ich mir einmal in der Pubertät habe stechen lassen. Dabei wissen sie nicht, dass ich in Wirklichkeit ein sensibler Mensch bin, der Pop hört und die meiste Zeit mit Beten verbringt. Ich wollte doch nur ein bisschen Gesellschaft, damit ich nicht ganz so einsam bin in dieser deprimierenden Weihnachtszeit, wenn alles Leben in Berlin still steht."

Weihnachten? Plötzlich fiel es mir wie Schuppen von den Augen. Mir wurde ganz schwindlig, als sich mit einem Mal alles wie ein Puzzle zusammenfügte: die geschlossenen Läden, das Verschwinden der Leute von den Straßen, das Gedränge in den Einkaufszentren. Der Klang von Explosionen kam von verfrühten Feuerwerken, und das Gebell wiederum von Hunden, die sich vor den Böllern fürchteten. Der verrückte Obdachlose, der mir über den Weg gelaufen war, der war eben einfach ein verrückter Obdachloser und sprach wahrscheinlich das ganze Jahr über vom Ende der Welt, nur war er vielleicht zur Weihnachtszeit aufgewühlter als sonst. Ich wollte mich zu Tula umdrehen und sehen, ob es bei ihr auch Klick gemacht hatte, aber sie stand gar nicht mehr neben mir. Sie hatte sich dem Nachbarn angeschlossen und war ihm in die Wohnung gefolgt. Sie unterhielten sich angeregt miteinander, und das Letzte, was ich von ihrem Gespräch mitbekam, bevor sie im Inneren der Wohnung verschwanden und die Tür hinter sich schlossen, war eine Diskussion darüber, welchem Mitglied von 'N Sync Schuld am Auseinandergehen der Band zu geben war.

Also machte ich mich daran, die Wohnung zu putzen und die flächendeckende Unordnung zu beseitigen. Ich ging auf den Balkon, um ein ausländerfeindliches Poster zu zerreißen, das wir dort aufgehängt hatten. Auf dem Poster war ein fliegender Teppich zu sehen, auf dem eine muslimische Familie sitzt. Darunter stand geschrieben: „Gute Heimreise." Da bemerkte ich am Balkon gegenüber einen jungen Mann mit rasiertem Kopf. Er hob seinen Daumen zum Zeichen, dass ihm das Poster gefiel, und ich quittierte es zerstreut mit einem leichten Kopfnicken. Dann zog ich mich schnell in die Wohnung zurück. Ich hörte ihn noch herüberrufen:

„Frohe Weihnachten!"

Wollt ihr etwa so enden?

Als meine Vermieterin Lora mich bat, ihr bei der noblen Aufgabe, die ihr bevorstand, behilflich zu sein, wusste ich zuerst nicht recht wie. Lange durchforstete ich meinen Kopf nach einer interessanten Idee, denn wir mussten die Sache so gut wie möglich über die Bühne bringen.

Alles hatte begonnen, als ich eines Abends nach Hause kam und Lora versunken vorfand, über einen Stapel Papiere gebeugt. Sie bat mich, mich zu ihr zu setzen. Sie müsse etwas Wichtiges mit mir besprechen. Es stellte sich heraus, dass es um einen Jungen ging, der mit ihrem Sohn dieselbe Schule besuchte. Der Junge war von der Schule verwiesen worden, als man ihn beim Rauchen im Schulgebäude erwischt hatte. Womöglich würde er nicht einmal an den Jahresendprüfungen teilnehmen dürfen. Lora kam als Vorstand des Elternbeirats nicht darum herum, das Thema bei der nächsten Beiratsversammlung anzusprechen. Sie wollte ein gutes Wort für den Jungen einlegen oder irgendwie in seinem Interesse handeln, in der Hoffnung, dass man ihm doch noch erlauben würde, bei den Prüfungen dabei zu sein. „Könntest du vielleicht mitkommen? Arbeitest du nicht als Journalistin oder so? Dir fällt doch sicher etwas Gutes ein, was man dort sagen könnte."

Aufgrund der Bande, die mich mit jedem Raucher in dieser grausamen Welt verbinden, und des Gefühls von ungerechter Behandlung und Ausgrenzung, der wir Raucher jeden Tag aufs Neue ausgesetzt sind, war ich sofort begeistert. Ich bat Lora, mir ein wenig Zeit zu geben. Ich wollte mich zurückziehen und darüber nachdenken, was zu tun war. Kaum in meinem Zimmer, begann ich, Szenarien für jene schicksalshafte Schulversammlung auszubrüten. Bald schon mutierte ich zu Mel Gibson in *Brave Heart* und schrie: „Ja, sie mögen uns das Leben nehmen. Aber niemals nehmen sie uns unsere Zigaretten! Lungenkrebsrisiko hin oder her!"

Ich riss mich schnell wieder zusammen, mir wurde bewusst, dass ich dabei war, in eine völlig falsche Richtung zu denken. Es ging schließlich darum, die Schulleitung davon zu überzeugen, dass der Schüler eine zweite Chance verdiente, wenn er nur versprach, ab heute nicht mehr zu rauchen. Es war nicht meine Aufgabe, eine Raucherrevolution anzuzetteln oder die *Rote Nikotinarmee Fraktion* zu gründen. Lange suchte ich nach einer geeigneten Ansprache, mit der ich die Herzen der Schulleitung erreichen konnte. In meinem Kopf ging ich eine bekannte Rede nach der anderen durch: sämtliche Reden von Malcom X, Harold Macmillan's Wind of Change-Rede, alle Ansprachen von George VI. und Winston Churchill – wobei mir einfiel, dass es unhöflich oder zumindest nicht gerade nett wäre, wenn ich mich in Deutschland an den Ansprachenstil Churchills hielte.

Mit viel Recherche, Mühe und Durchhaltevermögen kam ich zu verschiedenen Optionen:

1.

Eine Ansprache der Sorte „Meine persönliche Erfolgsgeschichte". Bei dieser Ansprache würde ich vor den versammelten Menschen stehen und sagen: Auch ich habe bereits in der Pubertät geraucht, und hätte das Leben mir damals keine zweite Chance geschenkt, wäre ich nicht die Person, die ich heute bin.

Diesen Gedanken verwarf ich allerdings schnell wieder, denn „die Person, die ich heute bin" ist vielleicht doch kein so gutes Vorbild: eine Person, die ihr Studium abgebrochen hat, so gut wie arbeitslos ist und obendrein ein Flüchtling, der Hartz IV bekommt. Okay.

2.

Eine Ansprache der Art „Der Raucher ist nicht dein Feind". Hier würde ich den Nichtrauchern von dem Leid erzählen, das wir Raucher täglich zu ertragen haben, wenn man uns wie Aussätzige behandelt. Wir sind auch Menschen, okay? Aus Fleisch und Blut. Wir haben auch Gefühle! Glaubt ja nicht, dass es uns keinen Stich versetzt, wenn wir all die diskriminierenden Plakate sehen, die uns den Zutritt zu Restaurants und anderen Gebäuden verbieten! Schnell verwarf ich auch diese Idee wieder, denn ich bin ja nicht gerade die beste Wahl, um den Lifestyle des sympathischen Rauchers zu verkörpern. Ich mit meinem Raucherhusten, meiner kratzigen Stimme, meinen gelben Zähnen und meiner blaustichigen Gesichtsfarbe.

3.

Eine Rede nach dem Motto „Wollt ihr etwa so enden wie ich?". Nachdem ich mich von der Idee verabschiedet hatte, mich als Vorbild vor die Schüler zu stellen, drehte ich die Sache einfach um: Ich würde sie in meiner Ansprache warnen, dass sie, wenn sie nicht aufpassten, so enden würden wie ich. Jener Schüler solle seine Chance bekommen, doch sollten alle wissen, dass das Rauchen und die damit einhergehenden Verhaltensmuster unweigerlich dazu führen würden, dass sie, spätestens wenn sie in ihre Dreißiger kämen, so werden würden wie ich.

Nachdem klar war, in welche Richtung meine Ansprache gehen sollte, hatte ich plötzlich den besten Einfall: Mein Auftritt wäre viel effektiver, wenn ich den Schülern ein noch abschreckenderes Beispiel als mich vorführen würde. Ohne lange nachdenken zu müssen, wusste ich, an wen ich mich zu wenden hatte. Ich nahm mein Handy und wählte eine Nummer.

„Hallo Saeed!"

„Hallo, wer ist da?"

„Ich bin's, Rasha."

„Welche Rasha?"

„Wir haben uns einmal auf einer Party in Kreuzberg kennengelernt. Im Club *Schwindeliger Zombie*, falls du dich noch erinnerst."

„Was fürn Zombie?"

„Die Party hieß *Coma Overload*."

„Keine Ahnung. Ich erinnere mich nicht. Ich bin aber clean! Was ich bei mir zu Hause hab, ist nicht für mich! Das gehört alles meinem Kumpel Saleh."

„Ganz ruhig, Saeed. Ich bin keine Undercover-Polizistin. Ich möchte, dass du mir bei einer noblen Sache behilflich bist."

„Welche Rasha?"

„Rasha, die du bei der *Coma-Overload*-Party getroffen hast."

„Willst du was kaufen, oder was?"

„Na gut, okay. Ich will was kaufen, und zwar morgen früh. Bring deinen Freund Saleh mit und komm zu der Adresse, die ich dir gleich schicken werde."

Als man meinen Namen aufrief, stand ich auf und trat für meine Ansprache vor die Leute. Ich war schrecklich nervös. Ich hatte keine Ahnung, wohin mein Plan führen würde. Als eine sehr realistische Option erschien mir, dass man mich mitsamt meiner drogenabhängigen Freunde und dem rauchenden Schüler in hohem Bogen herauswerfen würde. Mein Kopf arbeitete in rasender Geschwindigkeit. Ich wollte mir für diesen Fall einen

Plan B ausdenken. Nicht, dass ich am Ende noch die Zukunft des Jungen auf dem Gewissen hätte. Doch alles, was mir alternativ einfiel, war, dass wir als Wandermusiker arbeiten und durch die Berliner U-Bahn ziehen oder eine Straßentheatergruppe gründen könnten.

Schließlich nahm ich meinen Mut zusammen und begann zu sprechen: „Meine Damen und Herren, ich möchte nicht lange um den heißen Brei reden. Ich will mich kurz fassen und Ihnen einfach nur sagen, dass die Zukunft dieses Jungen, wenn Sie ihm die Chance verwehren, an den Prüfungen teilzunehmen und die Schule zu Ende zu machen, vermutlich sehr schwarz aussehen wird. Geben Sie ihm eine Chance. Genauso aber wünsche ich mir von den übrigen Schülern, ihn als abschreckendes Beispiel zu betrachten. Das nächste Mal, wenn ihr wieder mit dem Gedanken spielt, eine zu rauchen oder eine Line zu ziehen oder … (an dieser Stelle verstummte ich kurz, da ich bemerkt hatte, wie Lora mich mit bösen Blicken anfunkelte) … Erinnert euch gut an das, was ihr jetzt sehen werdet. Wollt ihr etwa so enden?"

Jetzt rief ich Saeed und Saleh ins Klassenzimmer. Mit größter Mühe schleppten sie sich herein. Saleh hatte vergessen, dass ihm noch eine Spritze im Hals steckte. Ich gab ihm mit der Hand ein Zeichen, sie herauszuziehen, aber er nahm mich gar nicht wahr.

Stattdessen wurde Saeed plötzlich seiner selbst gewahr. Er beeilte sich, die LSD-Pappe von seiner Zunge zu nehmen und sie in den Mülleimer zu werfen. Mit einem Satz sprang eine Lehrerin zum Mülleimer und zog die Pappe heraus. Dann wickelte sie sie in ein Taschentuch und steckte sie in ihre Handtasche, weil sie bemerkte, dass ein Schüler die Pappe voller Neugier anstarrte.

Ich bat die beiden, den Schülern ein wenig über ihr Leben zu erzählen, doch sie blieben einfach nur dumpf und jeglicher Handlung unfähig weiter stehen und stierten einander wankend an. Nach einer peinlichen Stille, die viel zu lange dauerte, bat ich sie verzweifelt, einfach irgendetwas zu sagen, egal was, ein Zitat oder einen Witz, aber Saeed war mit einem Mal schwindlig geworden. Er fiel zu Boden, wand sich in Krämpfen und brüllte, er sehe jetzt alles in Blau. Saleh zeigte keine Reaktion. Er schien Saeed gar nicht wahrzunehmen, denn er war voll und ganz in die Betrachtung einer an der Wand befestigten Glühbirne versunken.

Mit einem Mal entstand ein Gedränge im Klassenzimmer, Menschen stürzten herbei, um Saeed erste Hilfe zu leisten, und mich beschlich langsam aber sicher die Gewissheit, dass er gerade gestorben war, dass ich letztendlich den Rausschmiss des armen Schülers verursacht hatte und dass Lora mich nach all dem garantiert vor die Tür setzen würde.

Am nächsten Morgen beschloss ich, ihr zuvorzukommen. Ich wollte meine Würde bewahren und unaufgefordert aus der Wohnung ausziehen. Da rief Lora mich zu sich, sie wolle mit mir über den gestrigen Abend reden. Ich ging zu ihr und bereitete mich innerlich darauf vor, meine Aktion zu rechtfertigen. Zum Beispiel konnte ich ihr sagen, dass großartige Ideen dem gewöhnlichen Volk immer zuerst verrückt erscheinen. Oder ich konnte mich einfach dahinter verstecken, dass ich ein Flüchtling bin, der einen Krieg erlebt hat, und außerdem ein Scheidungskind, und dass ich deshalb meine Taten nicht unter Kontrolle hätte. Als sie mich sah, überreichte sie mir einen Stapel Briefcouverts. „Was sind das für Briefe? Ladungen zum Gerichtstermin?" Sie sagte: „Seit heute Morgen habe ich etwa sieben Einladungen von verschiedenen Gesamt- und Grundschulen erhalten, die von der Performance mit deinen Freunden in der Schule meines Sohnes gehört haben. Sie wollen dieses Aufklärungsduo zu sich an die Schule bestellen und dort vor den Schülern auftreten lassen." Bevor ich irgendetwas entgegnen konnte, war Lora enthusiastisch aufgesprungen: „Komm, schnell, die Pflicht ruft! Wir müssen diese Schüler aus den Klauen der Sucht befreien! Mal ganz abgesehen davon, dass uns diese Schulen sehr gutes Geld für unsere Dienste anbieten. Macht euch fertig, du und deine zwei Zementsäcke. Bereitet euch gut vor, nächste Woche haben wir eine Tournee durch die ganze Stadt."

Ich stieß einen Seufzer der Erleichterung aus. Ich hatte die Folgen des letzten Abends überlebt und es schien sogar, als hätte sich plötzlich aus dem Nirgendwo eine gute Einkommensquelle für uns alle aufgetan. Ich griff zum Telefon, um Saeed anzurufen.

„Hallo Saeed, ich bin's, Rasha."

„Was? Welche Rasha denn?"

„Na, Rasha, mit der du gestern in die Schule gegangen bist, wo du dann umgefallen bist … Nein, nicht Rasha vom Gesundheitsamt. Nein, auch nicht Rasha von der Drogenbekämpfungsstelle."

Natürlich hat sich mein Leben, seit ich mit Saeed und Saleh die Truppe *Willst du etwa so enden* zur Schüleraufklärung gegründet hatte, drastisch verändert. Wir tourten durch ganz Deutschland, sogar ins Ausland lud man uns ein. Das ging so lange, bis Saeed und Saleh mich eines Tages zu einem Treffen baten. Da verkündeten sie mir, sie hätten die Nase voll von dieser Arbeit. Es verletze ihre Menschlichkeit, durch die Gegend zu fahren und sich den Schülern wie Affen vorzuführen. Dafür hatte ich natürlich Verständnis. Wir tranken einen Toast auf unsere letzte Zusammenkunft als Truppe *Willst du etwa so enden*, dann verabschiedeten wir uns unter Tränen und Umarmungen.

Einige Wochen später, ich saß gerade in meinem Zimmer, sah fern, gelangweilt und deprimiert, da jene ereignisreiche Lebensphase nun vorbei war, und zappte mich wahllos durch die Kanäle, als mich plötzlich ein vertrautes Bild ansprang. Schnell schaltete ich zurück und konnte kaum meinen Augen trauen. Auf dem Bildschirm war der Videoclip eines Techno-Songs zu sehen, mit niemand anderem als Saeed und Saleh, die mit vollem Programm vom Zu-Boden-Fallen bis zum Halluzinieren ihre Rolle spielten, nur waren sie in Full HD, und außerdem waren da auch Schüler, die ihnen begeistert zujubelten. Sofort wählte ich Saeeds Nummer. Ich musste erfahren, was dort vor sich ging. Aus dem Hörer ertönte „Kein Anschluss unter dieser Nummer".

Ich konzentrierte mich wieder auf den Fernseher und kaute mir die Fingernägel ab, während ich dem Geschehen auf dem Bildschirm folgte. Eine Moderatorin empfing im Studio Saeed und Saleh, die offenbar Musiker geworden waren und einen Hit gelandet hatten. Sie rief: „Willst du etwa so enden, willst du etwa so werden, so, aha, ja, genau so …!!! Mann, Mann, Mann, der Text ist absolut genial! Und so ein Megahit, der ratzfatz auf Platz Eins in den Charts geklettert ist … Was hat euch bloß zu diesem Lied inspiriert? Habt ihr den Text selbst geschrieben?"

Besorgt, was jetzt wohl kommen würde, sah ich, wie sich die beiden großkotzig im Studio fläzten wie Rapstars mit dicken Ringen an den Fingern, Pelzmänteln über Anzügen und bunten Sonnenbrillen. Ohne mit der Wimper zu zucken, antwortete Saeed, sie hätten den Song ganz alleine geschrieben, ohne jegliche Hilfe von irgendwem. Das verletzte mich sehr. Doch dann hatte ich wieder einen Hoffnungsschimmer, denn Saleh fügte hinzu: „Allerdings gibt es einen wunderbaren Menschen, bei dem wir uns hiermit ganz herzlich bedanken möchten, für all die Hilfe und Unterstützung." Jetzt taten mir die beiden fast wieder leid. Ich machte mir Vorwürfe, dass ich ihnen beinahe unterstellt hätte, mich zu verleugnen. Gespannt wartete ich ab, was sie über mich sagen würden. Saleh erklärte: „Unser allerherzlichster Dank geht an Frau Lora. Sie hat uns von Anfang an unterstützt. Sie hat es überhaupt erst möglich gemacht, dass wir unsere erhabenen Künste an Schulen darbieten konnten, und sie war es auch, die uns ermutigt hat, diesen Song zu launchen, indem sie uns mit den Produktionskosten geholfen hat."

Kaum hatte ich das gehört, stürzte ich ins Wohnzimmer, wo Lora vor dem Fernseher saß und sich in freudiger Anspannung gerade ebenfalls das Interview ansah. Als sie mich bemerkte, rutschte sie tief in ihren Sessel, legte melodramatisch eine Hand an den Kopf und sagte, sie sei sehr krank und müsse sich sofort hinlegen. Dann entschwand sie rasch wie eine Gazelle in ihrem Zimmer und verschloss die Tür hinter sich, während ich mir fassungslos weiter das Fernsehinterview mit Saeed und Saleh ansah. Saeed sagte, „mit Gottes Hilfe" hätten sie es geschafft, ein komplettes Album zu produzieren, das nach dem Launch der Single „Willst du etwa so werden" herauskäme. Interessiert fragte ihn die Moderatorin, ob das Album inhaltlich auch in Richtung Drogenaufklärung gehen werde. Aber natürlich, antwortete Saeed und verriet ihr schon einmal die wichtigsten Songtitel des

Albums: „So du werden willst etwa?", „Werden etwa willst so du?", „Etwa du so werden willst?"

Von diesem Tag an versuchte ich etliche Male, Saeed telefonisch zu erreichen, aber er hatte seine Nummer geändert. Lora hingegen ging mir zu Hause andauernd aus dem Weg und täuschte Krankheiten, Taubheit oder Gedächtnisverlust vor. Irgendwann gab ich es auf. Ich versuchte nicht einmal mehr, sie anzusprechen. Besonders, nachdem sie einmal so weit gegangen war, zu behaupten, sie sei jetzt vom Teufel besessen, worauf sie begann, in einer Männerstimme auf Latein zu reden, während sie versuchte, rücklings die Wand hochzuklettern. Ich beschloss, den Moment abzupassen, wenn sie aus dem Haus ging, und ihr heimlich zu folgen. So kam es.

Nachdem mehrfach meine Versuche gescheitert waren, gelang es mir schließlich, ihr bis zu einer Bar zu folgen, wo sie sich mit Saeed und Saleh verabredet hatte. Sie stießen miteinander an, hatten Spaß und trampelten auf den Leichen meiner Wut und Trauer herum. Man war mir mit dem Messer in den Rücken gefallen.

Als ich sie so in flagranti überraschte, wollten sie dem Thema aus dem Weg gehen. Saeed stellte sich von einem Moment auf den anderen völlig bekifft, Saleh klagte über ein plötzliches Nierenleiden und Lora wollte gerade wieder anfangen, in einen Besessenheitsanfall zu schlittern, als ich meine Hände in die Hüften stemmte und ihnen den Weg versperrte:

„Habt keine Angst. Ich bin nicht hier, um euch Vorwürfe zu machen. Ich freue mich wirklich für euch. Ich wollte mich nur vergewissern, dass es euch auch gut geht und nach euer Gesundheit fragen. Tut euch etwas weh?"

Mehrere Augenblicke lang war es still, dann fuhr ich fort:

„Ich hoffe, mein Rücken hat eure Messer nicht zerbrochen?"

Saeed kommentierte, dass es ihm leid tue, mir sagen zu müssen, dass dies ein ausgesprochen abgedroschenes Zitat sei. Ich gab zu, dass es in meiner Erinnerung auch irgendwie glamouröser geklungen hatte, und entschuldigte mich. Dann wandte ich mich an Lora: „Na, wie geht's mit uns weiter, meine Liebe? Die vergangenen Tage hast du dich immer hinter der Ausrede versteckt, du hättest deine Fähigkeit verloren, Englisch zu sprechen; mal lag es daran, dass du schon so lange keines mehr gesprochen hattest, mal hieß es, die englische Sprache würde dir böse Erinnerungen aus der Kriegszeit mit den Alliierten ins Gedächtnis rufen und dein Trauma wieder wecken. Und jetzt zwitscherst du hier fröhlich in fließendem Englisch mit den Jungs, als seist du Franklin Roosevelt persönlich! Es scheint dir, wenn überhaupt, nur gute Erinnerungen ins Gedächtnis zu rufen: nämlich an dein Bankkonto, das immer fetter wird. Was dich allerdings nicht davon abgehalten hat, letzten Monat die Miete meines Zimmers zu erhöhen." Dann wandte ich mich an

Saeed: „Und du?" Er senkte seinen Blick zu Boden. „Als ich dich kennengelernt habe, warst du kaum klar genug im Kopf, dich daran zu erinnern, wie Sprechen überhaupt funktioniert, und jetzt sehe ich dich hier putzmunter, wie du mit Bravour eure Gewinne rauf- und runterrechnest und Marketing-Pläne für deine Band entwirfst."

Ich habe an jenem Tag noch lange zu ihnen geredet. Ich habe meine ganze Wut und meinen ganzen Frust ausgedrückt, und sie haben mir versprochen, es wieder gut zu machen, indem sie mich am Geschäft teilhaben lassen würden. Doch es kam anders: Lora warf mich aus dem Haus und Saeed erwirkte eine einstweilige Verfügung gegen mich, die vorschrieb, dass ich mich keinem der Bandmitglieder auf mehr als 50 Meter nähern dürfte.

Oops, Verzeihung. Ich hatte jetzt eigentlich gar nicht vorgehabt, dir die ganze Story zu erzählen. Dabei wolltest du bestimmt einfach an einem Freitagabend in dieser Bar abhängen und ein bisschen Spaß haben.

Ich habe nur deswegen schlechte Laune gekriegt, weil sie hier die ganze Zeit dieses verdammte Lied „Willst du etwa so werden" spielen und die Leute auch noch so darauf abgehen.

Der junge Mann, mit dem ich den ganzen Abend lang geredet hatte, antwortete: „Boah, ‚Willst du etwa so werden' ist so ein Wahnsinnslied, findest du nicht? Kennst du die Band, die den Song gemacht hat? Ich würde die voll gerne mal treffen. Beim Autofahren höre ich das Lied non stop."

Es soll doch tatsächlich Leute geben, die sich noch immer fragen, was Menschen dazu bewegt, am Freitagabend beim Ausgehen nach dem Konsum von Alkohol gewalttätige Verhaltensweisen an den Tag zu legen.

Sag niemals Jobcenter

Seit ich in Berlin lebe, wohne ich in Neukölln. Neukölln war mir von Anfang an vertraut; mit all seinen arabischen und türkischen Supermärkten in Fußnähe, wo ich jede nur erdenkliche Kochzutat finden kann, vom noch so spezifischen Gewürz bis hin zu sämtlichen Obst- und Gemüsesorten, die es braucht, um in Berlin die Gerichte meiner Mutter exakt nachzukochen. Und Shisha-Läden, so weit das Auge reicht, ja, sogar arabische Friseursalons – ein Umstand von essenzieller Bedeutung, vor allem die Sache mit den Friseursalons, da man so zumindest ausschließen kann, dass einem die Haare aufgrund eines Übersetzungsfehlers verschnitten werden. Wobei dir der Friseur mit allergrößter Wahrscheinlichkeit die Haare auch dann verschneiden wird, wenn er dieselbe Muttersprache spricht wie du. Selbst wenn du ihm noch so detailliert erklärst, was er tun soll. Beispielsweise wird er darauf bestehen, deinen Auftrag „Bitte nur die gebrochenen Spitzen schneiden. Die Spitzen, wirklich, nur die Spitzen. Ungefähr zwei Millimeter" zu interpretieren als „Ich will meine schmutzigen Haare, das physische Gedächtnis meiner Sünden, ein für und alle Mal loswerden, ich möchte mich durch Selbstverstümmelung für die Sünden meines bisherigen Lebens bestrafen, ich möchte einen Haarschnitt von der Sorte ‚Bin gerade aus dem Knast entlassen worden' oder ‚Mein Friseur ist schwer drogenabhängig'."

Aber eigentlich ist Neukölln gar nicht mein Thema, sondern vielmehr die Verwirrung, die ich jedes Mal empfand, wenn einer meiner Verwandten oder Freunde in Syrien mir einmal wieder merkwürdige Fragen über mein Leben in Deutschland stellte: „Stimmt es, dass die Deutschen alle Rassisten sind?", „Stimmt es, dass, wenn man jemanden auf Englisch nach dem Weg fragt, er sich weigert zu antworten, selbst wenn er perfekt Englisch kann?", „Stimmt es, dass die Straßen dort sauberer sind als die Krankenhäuser bei uns?", „Stimmt es, dass sich keiner nach einem umdreht, wenn man in Deutschland auf der Straße tot umfällt?"

Am meisten wunderte mich die Frage nach dem Rassismus. Die Tatsache, dass ich mit dieser Frage so wenig anfangen konnte, schob ich auf meine subjektiven Erfahrungen im Alltag: Ich war kein einziges Mal so etwas wie Rassismus begegnet, auch nicht bei all den Behördengängen, die ich machen musste. Schließlich wurde mir der wahre Grund bewusst: Eigentlich wusste ich überhaupt nicht, wo diese Deutschen steckten!

Ich meine, ich sehe eigentlich nie welche um mich herum. Ich sehe meine Landsleute, sehe Türken und vielleicht noch ein paar Italiener oder Spanier und eine Handvoll Amerikaner. Aber über die Deutschen kann ich so gut wie gar nichts sagen, weil ich sie gar nicht zu sehen kriege, und deshalb habe ich auch keine Ahnung, ob Rassismus unter ihnen etwas Verbreitetes ist oder nicht. Bis es mich eines Tages im Zuge eines Behördenganges in den tiefsten Osten der Stadt verschlug. Mein Freund hatte sich bereit erklärt, mich zu begleiten. Erst fuhren wir mit der U-Bahn zur S7, dann stiegen wir um. Kaum hatten wir die S7 betreten, überkam mich eine große Freude. Staunend wanderte mein Blick über die Unmengen an blondem Haar. So viel Blond in einer derartigen Dichte, an einem Ort geballt, hatte ich in meinem ganzen Leben noch nicht gesehen. Mein Gott! Das sind sie also, die Deutschen. Endlich! Ich habe schon so viel von ihnen gehört! Hallöchen, meine Lieben! Mein Freund zerrte mich aus meiner Faszinationsstarre und wir setzten uns auf zwei freie Plätze. Immer noch starrte ich selig die Passagiere an. Da kam eine alte Dame, setzte sich mir gegenüber und starrte uns an, wenn auch weniger freudig.

Ich wandte mich meinem Freund zu, um mit ihm zu besprechen, welche Jobcenter-Formulare wir noch auszufüllen hatten, damit die Unterlagen für meinen Erstantrag komplett würden. Er stieß mir den Ellbogen in die Rippen und flüsterte mir zu: „Sprich das Wort nicht auf Englisch aus, das verstehen die doch alle." Ich blickte mich um und siehe da, er hatte recht: Die missgünstigen Blicke waren mehr geworden. Ich versuchte mir die Situation aus ihrer Sicht vorzustellen: Von zwei dunkelhaarigen Menschen, die fremd wirken, oder besser: wie Flüchtlinge, die sich in einer seltsamen, aggressiv klingenden Sprache unterhalten, ertönt plötzlich ein einziges verständliches Wort: Jobcenter. Für den Rest der Fahrt machte ich meinen Mund nicht mehr auf.

Später wurde mir bewusst, dass offenbar viele andere Menschen ebenso von diesem Problem betroffen waren. Mir fiel auf, dass andere Flüchtlinge, denen ich zufällig in öffentlichen Verkehrsmitteln, Behörden oder an der Sprachschule begegnete, ein ganzes Repertoire an Ersatzwörtern für das Jobcenter erfunden hatten, damit sie es ja nicht in der Öffentlichkeit aussprechen und womöglich damit jemandes Missgunst erregen würden. Manche begnügten sich damit, „Das Job" zu sagen. Andere sagten auf Arabisch: „Gestern hatte ich einen Termin mit dem ‚Arbeitszentrum' … Du verstehst schon was ich meine, oder?" Wiederum andere beschränkten sich auf die vage Umschreibung „Die Crew". „Ich war heute bei der Crew. Dann wollte die Crew von mir das und das." Wobei Letzteres für mich, ehrlich gesagt, weitaus ominöser klingt als Jobcenter. Es hört sich mindestens nach zweifelhaften Kontakten zu einer extremistischen Gruppe oder im besten Fall zu Drogendealern an.

Doch man beschränkte sich längst nicht darauf, Themen wie das Jobcenter vor deutschen Staatsbürgern zu vertuschen, deren Zorn man nicht erregen wollte. Es war Anfang 2014, also zu einem Zeitpunkt, als sich die Fluchtbewegung der Syrer gen Europa noch in Grenzen hielt. Damals wollten viele nicht zugeben, dass sie entweder vorhatten, Asyl zu beantragen, oder bereits einen Flüchtlingsstatus hatten. Dieses Phänomen ließ sich vor allem in mehr oder weniger gebildeten Kreisen beobachten. Dort empfand man Asyl als einen Makel. So sagten mir seltsamerweise alle Syrer, die ich in meiner Anfangszeit in Deutschland kennenlernte, dass sie mit einem Arbeits- oder Studienvisum gekommen waren und dass sie niemals Asyl beantragen würden. Wobei sie sich dann immer beeilten, gnädigerweise hinzuzufügen, dass sie „es jenen einfacheren Menschen", die dazu gezwungen wären, natürlich nicht verdenken würden, wenn diese Asyl beantragten. Einer von dieser Sorte erzählte mir einmal aufgeregt von der moralischen Verkommenheit derjenigen unter den Künstlern und Intellektuellen, die Asyl beantragen. Einige Tage später traf ich ihn zufällig in der langen Warteschlange vor dem Lageso. Sichtlich peinlich berührt sagte er, er sei lediglich hier, um sich für einen Freund zu erkundigen, dessen er sich angenommen habe.

Als wir die Phase des Asylverleugnens hinter uns gelassen hatten, da es einfach zu offensichtlich geworden war, war es mit der Asyldistanzierung jedoch längst noch nicht vorbei. Es entstand ein neues Phänomen, eine Art Wettstreit nach dem Motto: „Wer ist weniger Flüchtling als der andere?" So kam es, dass ich einmal ein Gespräch mithörte, in dem der eine gegenüber dem anderen damit prahlte, dass seine Aufenthaltsgenehmigung fünf Jahre lang gültig war und nicht etwa drei, da er schließlich „ein Gast" sei – ein Status, den es natürlich nicht gibt – und kein Flüchtling. Mit dieser Behauptung wollte er den anderen, der nur eine dreijährige Aufenthaltsgenehmigung hatte, hänseln. Dieser wiederum versuchte seinerseits zu punkten, indem er dem ersten entgegenhielt, dass er selbst ja Gottseidank arbeite und Steuern zahle und nicht wie so manch anderer (damit meinte er den ersten) vom Jobcenter lebe, weswegen er im Übrigen auch schneller die Staatsbürgerschaft erhalten werde.

Manchmal spielte es sich aber auch andersherum ab, und es gab große Streitigkeiten zwischen Freunden, weil sie je einen anderen Status, beziehungsweise andere Begünstigungen erhalten hatten.

Ich erinnere mich zum Beispiel an diese zwei arabischen Familien, deren Bekanntschaft ich machen durfte, als ich meinen Asylantrag stellte. Die beiden Familien verband eine alte Freundschaft, und die beiden Männer, Ahmad und Munir, beschlossen, ihre Frauen und Kinder im Schlepptau, gemeinsam Asyl zu beantragen, damit sie nahe beieinander wohnten und nichts sie in der Fremde auseinanderrisse. Das nächste Mal traf ich Ahmad allein an. Ich fragte ihn, wie es Munir und seiner Familie gehe. Da schnaubte er genervt und sagte, mit Munir spreche er nicht mehr. „Warum?", fragte ich ihn. Voller Bitterkeit antwortete er: „Stell dir nur vor, ihm und seiner Familie geben sie zweitausend Euro monatlich und mir geben sie nur eintausendzweihundert! Und außerdem haben sie ihn in einem Hotel untergebracht und mich in einer miserablen Jugendherberge!" Ich verstand zwar, ehrlich gesagt, nicht ganz, wieso er seinen Freund, der in Sachen staatliche Zuwendungen eben mehr Glück gehabt hatte und dem eine bessere Unterkunft zugewiesen worden war, dafür bestrafen wollte, indem er nicht mehr mit ihm sprach, aber ich sagte ihm Dinge, die man in solchen Situationen eben so sagt: Er solle sich beruhigen, der Herr werde es hoffentlich richten, er solle es nicht so schwer nehmen und so weiter.

Bei meinem nächsten Lageso-Gang traf ich ihn wieder. Freudig kam er auf mich zu und sagte: „Jetzt haben sie uns an einen großartigen Ort verlegt! Viel besser als dieses Hotel, wo Munir wohnt!"

Diesmal wusste ich beim besten Willen nicht, was ich antworten sollte. Für mich war absolut unklar, auf welchen Teil seiner Aussage ich mit dem Grad an Freude hätte eingehen sollen, den sein Gesicht ausdrückte. Freute er sich so, weil er seinen Freund überboten hatte? Oder weil er ein höchst merkwürdiges Konzept von Freundschaft hatte?

Sherlock Holmes in Berlin

Oh Beischlaf! Bei der Eintönigkeit dieses Lebens werden mir noch meine Sinne einrosten!

Wie soll ich nur ruhigen Gewissens schlafen im Wissen, dass die Menschheit ohne mein Genie in Gefahr ist? Als ich mich von London nach Berlin aufmachte, um mich selbst herauszufordern und neue Fälle an einem neuen Ort zu lösen (und, nebenbei gesagt, auch, weil die Mieten in London ins Unerträgliche gestiegen sind), dachte ich, dass ich mich in Berlin vor spannenden Aufträgen gar nicht würde retten können. Aber nein, der einzige Fall, der bis jetzt an mich herangetragen wurde, ist die Bitte meines türkischen Nachbarn, zwischen ihm und dem älteren deutschen Herrn im Stockwerk unter ihm zu vermitteln, der jedes Mal, wenn die Kinder des Türken Lärm machen, mit dem Besenstiel an die Decke schlägt und damit droht, die Polizei zu rufen. Während ich hier auf einen verwickelten Kriminalfall warte, der meinen Ruhm wieder herstellt, will ich zumindest meine Gehirnmuskulatur ein wenig in Schuss halten, indem ich Kleinigkeiten daraufhin entschlüssele, was sich hinter ihnen verbirgt. Eines Tages ging ich hinaus auf die Straße, stellte mich hin und wartete auf meine Beute. Um nicht allzu lange warten zu müssen, zog ich meine Zigarettenschachtel aus der Westentasche und wedelte ein wenig damit herum. Sofort erschien ein junger Mann und bat mich um eine

Zigarette. In aller Gemächlichkeit zog ich eine ebensolche aus der Schachtel, während ich den jungen Mann heimlich musterte.

„Aber natürlich, bitte sehr!"

„Danke."

„Soll ich Ihnen vielleicht noch eine zweite geben?"

„Nein danke, eine reicht."

„Aber, aber, Stefan! Ihrer Freundin, die in der Wohnung auf Sie wartet, scheint es ohne Zigaretten übel zu ergehen. Und vielleicht wäre diese Zigarette eine gute Gelegenheit, sich wieder mit ihr zu vertragen, nach dem brutalen Streit, den Sie heute hatten. Dabei hat Ihre Freundin ja weder ein Problem mit Ihrer Drogenabhängigkeit noch mit der Wechselhaftigkeit Ihres Lebensplans zwischen Musik, Photographie und visueller Kunst noch mit Ihrem Totalversagen in allen dreien. Selbst die Sache mit der ewigen Wohnungssuche ist nicht das, was sie stört.

Nein, es scheint mir eher etwas mit Ihren fragwürdigen Frauenbekanntschaften zu tun zu haben."

„Sagen Sie … sind wir uns schon einmal begegnet? Woher wissen Sie denn all das über mich?"

An dieser Stelle schmunzelte ich mysteriös unter meinem Hut hervor und sagte:

„Schon einmal etwas von Sherlock Holmes gehört, Stefan?"

„Nein."

„Na gut", fuhr ich süffisant fort, „ich bin zwar kein großes Genie, aber ich habe vollstes Vertrauen in die Details, sehr geehrter Stefan. Die Details, die Sie die ganze Zeit vernachlässigen und von denen Sie keinen blassen Schimmer haben, geben viel über Sie preis. Mögen sie noch so klein und unscheinbar sein, mein Auge ist auf sie trainiert."

„Aber was für Details sind das denn, die Ihnen all diese Informationen übermitteln konnten, Sie fremder Herr mit Ihrem exotischen britischen Akzent?"

„Also. Die in Ihrem Schädel steckende Fliese mit dem darunter hervorquellenden Blut ist für mich das Schlüsselindiz, aus dem ich folgern konnte, dass Sie ganz frisch aus einer gewaltsamen Auseinandersetzung gekommen sind."

„Meine Güte, das ist ja genial! Ich kann es nicht glauben! Darauf wäre ja niemand gekommen!"

„Die zwei rosa Gummihandschuhe, die die Fliese umklammern, sind das Indiz, aus dem ich schlussfolgerte, dass die Auseinandersetzung mit einer Frau stattgefunden haben muss, mit der Sie zusammenwohnen. Denn kein halbwegs vernünftiger Mensch würde außer Haus mit solchen Handschuhen herumlaufen. Nicht einmal hier in Berlin! Alles hat seine Grenzen, Stefan!"

„Und was ist mit den Drogen?"

„Nun, hier genügte ein prüfender Blick auf die untere Hälfte Ihres Gesichts, also von der Nase abwärts. Die ist nämlich so gut wie vollständig mit Kokain überpudert.

Ich vermute, Sie haben vergessen, sich abzuwischen, bevor Sie aus dem Haus gingen."

„Das ist ja unglaublich. Und woher kennen Sie meinen Namen?"

„Das war in der Tat etwas schwierig, aber bei genauerem Hinsehen fiel mir auf, dass auf Ihrem Baseball-Cap steht: Mein Name ist Stefan der Blöde."

„Korrekt. Genau so ist es. Haha, diese Mütze hat mir meine Freundin einmal geschenkt, als sie sauer auf mich war. Sie haben's echt drauf! Und was ist mit dem Wohnungsproblem und meinen künstlerischen Projekten?"

„Oh, das war einfacher, als eine Pizza zu backen!"

„Alter, was für eine Schlagfertigkeit! Hier vermischt sich britischer Sprachwitz mit italienischer Kulinarik! Wie multikulturell!"

„Ja, ja, mein Charme ist unübersehbar. Ich hatte einfach bemerkt, dass Sie in Ihren Zwanzigern sind und in Berlin leben. Da musste ich nur noch die Leerstellen füllen."

„Wow, ja. Wirklich faszinierend. Bleibt nur noch eine Sache."

„Und die wäre, lieber Stefan?"

„Woher wussten Sie, dass der Streit etwas mit Eifersucht zu tun hatte?"

Ich seufzte, legte meine Hände auf Stefans Schultern, dann drehte ich ihn um die eigene Achse, so dass er mit dem Gesicht zur nächsten Verkehrsampel schaute:

„Das ist nun aber wirklich offensichtlich, werter Stefan. Sie sind ein stattlicher junger Mann in seinen Zwanzigern und wohnen in Berlin. Ist Ihnen bewusst, wie viele ledige Fräuleins es in dieser Stadt gibt? Sehen Sie diese Staubwolke, die von der Straße gegenüber auf uns zurollt? Die Fräuleins können Sie riechen, Stefan. Sie werden Sie finden, wie der Floh den Menschen unter allen Dingen in einem nächtlichen Zimmer findet. Und Ihre Freundin ist dieser Tatsache gegenüber nicht blind. Sie kommen, Stefan. Sie kommen, ihre hungrigen Zähne gebleckt, um an Ihrer zarten Jugend zu nagen. Sie werden Sie zerreißen, wie die Piranhas im Amazonas ein ertrunkenes Schaf in weniger als einer Minute zerreißen. Sie können Ihre Anwesenheit spüren, Stefan."

„Du lieber Himmel. Das Zischen kommt immer näher! Was mache ich denn jetzt?"

„Rennen Sie so schnell Sie können. Rennen Sie, Stefan. Rennen Sie."

Wie mir Videogames bei deutschen Behördengängen behilflich waren

Meine Computerspielsucht von Kindesbeinen an machte meinen Eltern viel zu schaffen. Wobei ich im Grunde genommen ohnehin nie wusste, was ich tun musste, damit sie mit mir zufrieden waren. Sie hatten immer an allem etwas auszusetzen. Als ich sechs oder sieben Jahre alt war, also lange vor den Videogames, starteten meine Eltern beispielsweise den Versuch, mich zur Tugend des Lesens zu erziehen und mir die Wichtigkeit des Wissenserwerbs zu vermitteln. Es gelang ihnen, ich war wirklich im Nullkommanichts Feuer und Flamme.

Einmal stand ich vor unserer riesigen Hausbibliothek und meine Augen wanderten über die Farben und Formen der Bücherrücken, bis sie an einem Buch mit strahlend rotem Einband hängenblieben. Ich wurde neugierig, zog es aus dem Regal und nahm es mit ins Bett, um ein wenig vor dem Einschlafen darin zu lesen. Ich war noch zu jung, um ein Bewusstsein für Sexuelles zu haben, aber ich fühlte, dass irgendetwas seltsam war an jenem Buch, das frivole Geschichten über Kalifen und ihren Harem enthielt. Bei der Lektüre erfuhr ich die hocharabischen Begriffe für den kompletten Intimbereich von Männern und Frauen und las die unwahrscheinlichsten Verse, die man je über Geschlechtsorgane gedichtet hatte. Ich erfuhr, dass der Preis einer Prostituierten sich erhöht, wenn sie die Kunst des Stöhnens während des Beischlafs beherrscht. Außerdem lernte ich durch die – wenngleich ein bisschen versauten – Schilderungen der Dichter etwas über die Schönheitsideale jener Epoche. Zudem gewährte mir das Buch einen seltenen Einblick in den eigentümlichen Sinn für Humor, den unsere Ahnen bei sexuellen Themen an den Tag legten. Als besonders lustiger Witz galt damals zum Beispiel etwas wie: „Der Kalif sah eine Sklavin auf dem Markt und sie gefiel ihm. Er fragte sie: ‚Bist du eine Jungfrau, oder was?‘, worauf sie antwortete: ‚Ich bin *was*, oh Gebieter der Gläubigen‘.“

Nach dieser Wissensexkursion schlief ich ein. Am nächsten Morgen wurde ich vom Geschrei meiner Mutter geweckt, die mich schlafend auffand, das Buch im Arm. Es stellte sich heraus, dass es sich um *Die Pracht des Weibes und die Erquickung der Seele* gehandelt hatte, ein Buch, das sich am ehesten als pornographisches Werk arabischer Tradition beschreiben lässt. Das konnte mich jedoch nicht von meinem Streben abbringen, Wissen aus Büchern zu schöpfen. Meine nächste Wahl fiel auf eine mehrbändige Ausgabe von *Tausendundeine Nacht* mit wunderschönen leuchtend-blauen Einbänden. Voller Aufmerksamkeit las ich die Geschichten darin, bis man sie mir ebenfalls aus der Hand riss. Der Wendepunkt und das Ende meines Leseabenteuers kamen, als ich einmal eine arabische Kulturzeitschrift durchblätterte, in der unter anderem etwas über das Gerichtsverfahren gegen Michael Jackson stand, das die Eltern eines Kindes aus mysteriösen Gründen gegen ihn angestrengt hatten. Ohne lange zu zögern, lief ich, die Zeitschrift unterm Arm, aus dem Wohnzimmer zu meiner Mutter, die gerade in der Küche den Abwasch machte. Ich bat sie, mir den Satz „Er habe es sexuell belästigt" zu erklären.

Als abends mein Vater nach Hause kam, rief er mich zu sich, er müsse etwas Wichtiges mit mir besprechen. Freundlich forderte er mich auf, künftig jegliches Lesen, von meinen Schulbüchern abgesehen, zu unterlassen. Diese würden für meinen Wissenserwerb völlig ausreichen. Als ich ihn fragte, warum, musste er ein wenig überlegen und antwortete schließlich, er sei sich über die sprachliche Richtigkeit dieser Bücher nicht ganz im Klaren. Ich müsse zuerst in der Schule die Grammatik gut verinnerlichen, bevor ich mich der Gefahr fehlerhafter Sprache aussetzen dürfe. Ich willigte ein, wobei meine Neugierde, heimlich noch mehr Bücher aus der Hausbibliothek zu stehlen, natürlich alles andere als nachgelassen hatte.

Als schließlich die Computerspiele ihren Weg in unser Haus fanden, hatte unser Vater zuerst nichts dagegen, wenn wir ein bisschen Zeit mit Spielen verbrachten. Erstens, weil *Prince of Persia* das erste Spiel auf unserem PC, einen nicht gerade dazu einlud, viel Zeit damit zu verbringen, weswegen mein Vater sich anfangs der Illusion hingab, wir hätten keine genetische Veranlagung zur Computerspielsucht – was sich später als ein grober Irrtum entpuppte. Zweitens hatte man, um unsere Spielzeit zu kontrollieren, ein Passwort für den Computer eingerichtet. Bald jedoch war auch dieser zweite Grund hinfällig geworden, da wir das Passwort herausfanden: Es war der Name meines kleinen Bruders und die allererste Option, die ich ausprobiert hatte. (Ich bin die mittlere Tochter, meinen Namen hätten unsere Eltern sicherlich nicht als Passwort gewählt.) Als dann die biegsamen Floppy Disks nach und nach ausstarben und wir Windows installierten, mussten wir uns endlich nicht mehr mit dem komplizierten DOS herumschlagen. Die neuen Spiele nahmen wir mit einer dermaßen heftigen Leidenschaft auf, dass unsere Eltern nicht mehr dagegen ankamen. Sie kapitulierten und hofften, wir würden durch die Spiele wenigstens ordentlich Englisch lernen. Doch ihr anfänglicher Gleichmut wich schon bald der Sorge um uns, nachdem mein kleiner Bruder einmal meinen Vater herbeigerufen hatte, um ihm stolz zu zeigen, wie wir es geschafft hatten, in *Leisure Suit Larry* einem Mädchen das Oberteil vom Körper zu reißen.

Eigentlich hatten meine Eltern gar nicht so falsch gelegen: Durch die PC-Spiele lernten wir tatsächlich Englisch und außerdem vermittelten sie uns wichtige moralische Tugenden. Bei *Doom* zum Beispiel lernten wir, dass man unmöglich gewinnen kann, außer man ist im Besitz geheimer Cheatcodes, die es einem ermöglichen, im Spiel zu tricksen, und selbst dann ist es eigentlich kaum zu schaffen. Die Adventure-Reihe *King's Quest* lehrte uns, jedem Gegenstand, der auch nur ansatzweise schön oder nützlich aussieht, zu misstrauen. Bei *Prince of Persia* lernten wir, mit Enttäuschungen umzugehen und die Lösung unserer Probleme einzig und allein dem Schicksal in die Hand zu geben. *Leisure Suit Larry* hingegen lehrte uns … also bestimmt nur Gutes, daran besteht erstmal kein Zweifel … na gut, vielleicht haben wir auch gar nichts gelernt. Es machte aber trotzdem großen Spaß.

Später habe ich entdeckt, dass ich durch meine Computerspielsucht mit einer Art Immunität gegenüber den Unglücken des echten Lebens gesegnet bin, die mich befähigt, alles einfach als Adventure Game zu betrachten.

Als ich beispielsweise zum ersten Mal nach New York flog, hatte ich im Vorfeld mit einem Akupunkturisten, der nach Feierabend seine Praxis für wenig Geld als Übernachtungsplatz vermietete, Kontakt aufgenommen. In New York angekommen, war mein Handy plötzlich tot und der Akku meines Laptops leer. In einem Café aufladen konnte ich es nicht, da ich vergessen hatte, mir einen Reiseadapter für amerikanische Steckdosen zu besorgen. Außerdem war der Zettel, auf den ich mir die Adresse der Akupunkturpraxis notiert hatte, mit einem Mal verschwunden. Als ich den Mann schließlich vom Handy eines Mädchens auf der Straße anrief, legte er sofort auf.

Ich dachte, ich sei einem Betrüger auf den Leim gegangen, denn ich hatte ihm die Miete im Voraus überwiesen.

Eine Freundin, der ich später die Geschichte erzählte, fragte mich, wie ich in jener Nacht allein in einer Stadt, in der ich niemanden kannte, meine Nerven bewahrt hätte, bis ich es nach einer Reihe von Abenteuern endlich doch zu jener Adresse schaffte, wo sich herausstellte, dass der ehrliche Mann die ganze Zeit vor dem Gebäude auf mich gewartet und nur deswegen sofort aufgelegt hatte, weil er kein Wort Englisch sprach. Ich sagte meiner Freundin, dass ich nicht den leisesten Hauch von Panik verspürt hatte. Alles, woran ich denken konnte, war, dass ich gerade *New York* spielte, bei mittlerem Schwierigkeitsgrad. Hätte ich auf einer schwereren Stufe gespielt, dann hätte ich auch noch ausgeraubt werden und mich ohne Geld verlaufen müssen.

Bei meiner ersten Bekanntschaft mit Behördengängen in Deutschland schaltete sich bei mir sofort wieder der Computerspiel-Modus ein, der mir diese unfehlbare Widerstandskraft gegen Verzweiflung verleiht. In jeder Phase meines Asylantrags ging ich mit den geforderten Dokumenten um, als seien sie Aufgaben, die ich zu lösen hätte, um ins jeweils nächste Level zu kommen.

Manchmal kam mir das Ganze wie eines dieser Adventure Games vor, bei denen man erfinderisch sein muss, um knifflige Rätsel zu lösen, indem man zum Beispiel mit besonders vielen Personen spricht und nach

Hilfselementen sucht. Mein gesamter Computerspielerfahrungsschatz war jetzt gefordert. Besonders bei den Gelegenheiten, die dich in eine Sackgasse zu führen scheinen: Du musst eine Unterlage vorweisen, für die du aber erst eine andere Unterlage brauchst, doch um jene zweite Unterlage zu erhalten, musst du die erste vorzeigen. Dass die Situation in Deutschland auf mich immer wie ein mittlerer Schwierigkeitsgrad wirkte, lag an der Tatsache, dass ich kein Deutsch spreche. In allen Computerspielen gibt es Hilfselemente, die man erst einmal in der Spiellandschaft entdecken muss, damit sie einem dann beim Weiterkommen behilflich sein können – wie die quadratischen Blöcke bei *Supermario* mit dem Fragezeichen darauf, in denen sich ein Pilz versteckt, der einen bewaffnet oder einen wachsen lässt. Oder wie die Schreibmaschinen, die man in den ersten Teilen von *Resident Evil* in entlegenen Winkeln des Hauses findet, und in denen man seinen Fortschritt speichern kann, da man sonst jedes Mal, wenn man stirbt, wieder ganz von vorne anfangen müsste. Im Fall der deutschen Behördengänge waren solche Hilfselemente deutsche Freunde und Freundinnen, die einen Teil ihrer Zeit spendeten, um Leute wie mich zu Behörden zu begleiten und vor Ort zu dolmetschen, aber auch die raren Begegnungen mit Beamten, die des Englischen mächtig waren, was mich in eine Freude versetzte, die der ähnelte, wenn ich bei *Doom* eine Bazooka fand.

Die freudigste Überraschung ist es jedoch, wenn man an einen Beamten oder eine Beamtin gerät, der oder die zwar kein Englisch spricht, aber zumindest so viel Sinn für Humor hat, sich mit dir in Zeichensprache zu verständigen, und dir die notwendigen Papiere dann einfach aushändigt.

Doch all das betraf nur die ersten Levels. Das wirklich schwierige Level, auch „Monsterlevel" genannt, kam in der Zeit, als ich mich beim Jobcenter anmeldete. Dafür musste ich mehrere Male in Begleitung einer deutschen Freundin (oder einer syrischen, die Deutsch spricht) zum Jobcenter gehen, doch jedes Mal kehrten wir unverrichteter Dinge zurück, da wieder irgendein Dokument fehlte, beziehungsweise dem Beamten plötzlich ein völlig neues Dokument eingefallen war, das wir hätten mitbringen müssen. Nach und nach hatte ich alles beisammen. Ich war hochmotiviert und zuversichtlich, auch dieses Level zu lösen. Diesmal stützte ich mich nicht auf die Hilfe von Freunden, sondern engagierte einen dieser professionellen Dolmetscher, die tagein, tagaus zu den unterschiedlichen Abteilungen des Jobcenters gehen. Er kannte sich bis ins kleinste Detail mit jedem Gesetz und jedem Papier aus.

Vom ersten Augenblick an wirkte der Dolmetscher höchstprofessionell. Er hatte ein äußerst souveränes Auftreten. Bevor wir das Büro betraten, fragte er mich knapp, was genau ich brauchte. Dann nahm er den Ordner mit meinen Unterlagen und ordnete sie flink noch einmal neu. Schließlich gingen wir ins Büro. Das Gespräch mit dem Beamten übernahm er, wobei er sogar auf an mich gerichtete Fragen von sich aus antwortete, ohne bei mir nachzufragen. Innerhalb weniger Minuten waren wir fertig. Siegreich verließen wir das Büro. Ich konnte es kaum glauben.

Der Übersetzer heißt Saleh. Danke, lieber Saleh! Wirklich, du bist besser als der Make-Happy-Cheat in den *Sims*!

Wie ich eine Künstlerin wurde

Ich hatte eigentlich gar nicht vor, Künstlerin zu werden. Es geschah durch puren Zufall, wie wenn du im Internet eigentlich nach Tipps suchst, deines Mundgeruchs Herr zu werden, dann aber versehentlich auf einen Wikipedia-Artikel über König Henry V. klickst, was dich wiederum dazu verführt, ein wenig mehr darüber zu lesen, wobei das letzte historische Thema, an das du dich erinnern kannst, irgendwas mit einem Drachen und einer entführten Prinzessin war, und eigentlich weißt du auch gar nicht mehr, ob du im Geschichtsunterricht, in einer religiösen Predigt über Höllenqualen oder vielleicht doch in einem Nintendo-Spiel davon erfahren hast. Dann will es der Zufall, dass du am folgenden Tag mit Freunden in einer Runde sitzt und irgendwie kommt das Thema König Henry V. auf und die Person, auf die du stehst, ist auch dabei und sagt plötzlich: „Oh mein Gott, ich bin so lange Single geblieben und habe meine Unschuld bewahrt, weil ich darauf gewartet habe, endlich jemanden zu treffen, der möglichst viel über Henry V. weiß … und dessen Atem noch dazu gut duftet! Das ist für mich das einzig Entscheidende." Ja, so ähnlich war das, was mir widerfahren ist.

Alles, alles, was ich wollte, war – ich weiß, dieser Art von Beschwerden sind Sie im Laufe des Buches schon öfter begegnet, aber der Titel sagt ja eigentlich schon alles, wir machen hier ja niemandem etwas vor –, die deutsche Sprache gut zu lernen.

Der Großteil der Deutsch-Lerner beklagt sich in erster Linie über das Genus-System der deutschen Sprache – also maskulin, feminin und bisexuell. Anfangs unterschätzte ich die Schwierigkeit des Ganzen, da wir das im Arabischen ja eigentlich auch haben – den bisexuellen Teil ausgenommen –, aber bald schon überraschte und schockierte mich die Erkenntnis, dass feminine und maskuline Nomen im Deutschen ganz anders funktionieren als im Arabischen. Dabei hatte ich immer gedacht, das unterliege einem universellen Regelwerk, wie beispielsweise die Physik.

Ich versuchte, mir die Sache schönzureden, sagte mir, das mit dem Genus sei letztendlich eine Nebensächlichkeit. Außerdem, was sollten derart strenge Gender-Einteilungen im Jahr 2016? Daran glaubte ich sowieso nicht, und schon gar nicht, dass sie besonderen Einfluss auf das Erlernen der Sprache haben würden. Ich dachte, ich könnte mich ja einfach voll und ganz auf den Rest der Grammatik konzentrieren und diese Artikel nebenbei einfach auswendig lernen. Doch bereits in der dritten oder vierten Unterrichtsstunde verabschiedete ich mich von dieser schönen Theorie. Da war nichts zu machen. Außer, mir einen großen Zeichenblock zu besorgen, die Blätter an meine Wand zu hängen und dann jedes einzelne Substantiv, das ich lernte, darauf zu malen, und zwar auf eine Weise, die sein grammatisches Geschlecht deutlich zeigt.

So füllte sich die Wand meines Zimmers mit perversen Zeichnungen. Unter anderem eine Orange mit Busen, eine Suppe, die Antibabypillen schluckt, ein Apfel mit Oberlippenbart, Fische und Züge mit Penissen und zweiköpfige Kinder, mit je einem weiblichen und einem männlichen Kopf. Was die anderen Neutren betraf, wusste ich nicht, wie ich ihnen einen deutliches Genus anzeichnen sollte. Also zwängte ich sie alle in eine Ecke und begnügte mich damit, sie auswendig zu lernen, indem ich mich jeden Tag vor sie stellte und ihnen wüste sexistische Diskriminierungen entgegenschrie: „Was geht denn bei dir ab, du Scheißbuch! Jetzt entscheide dich doch mal für ein Geschlecht, du! Ich kann es nicht ertragen, dich so zu sehen! Wie du auf der Straße herumläufst, in Netzstrumpfhosen und mit Vollbart! Und ihr, Brot und Wasser, eure ambivalente Geschlechteridentität macht mich noch krank! … Habt ihr denn keine Angst, euch zu versündigen? Wisst ihr denn nicht, dass der Herr von jeglichem Wesen Paare erschaffen hat? Zur Zeit der Sintflut hätte keiner von euch auch nur davon träumen können zu überleben, nein … Niemals, niemals hättet ihr es auf die Arche Noah geschafft!"

Eigentlich war alles gerade dabei, ganz gut zu laufen mit diesen Übungen, wenn ich sie nur nicht in der Nähe des Fensters gemacht hätte, was die Aufmerksamkeit eines anarchistischen Nachbarn erregte, der die Autoritäten informierte, dass ich eine „sexistische Hasspredigerin" sei, was für große Empörung über mich im Viertel sorgte. Ich kaufte mir dicke, schwere Vorhänge für meine Fenster und vermied es eine Zeitlang, auf die Straße zu gehen, wenn es nicht absolut notwendig war. Meine Isolation wäre sicher schwer zu ertragen gewesen, hätte es da nicht noch jenen anderen, religiösen Nachbarn gegeben, der mir Nahrungsmittelkörbe vorbeibrachte, heimlich, damit ihn die anderen Nachbarn nicht sahen, und mir Postkarten zusteckte, in denen er mir seine Solidarität bekundete.

Dieses schmerzliche Ereignis konnte mich jedoch nicht davon abbringen, meine Theorie zum Erlernen des Genus-Systems unter den Menschen zu verbreiten. Ich war sogar so dreist, durch eine Art Freudsche Interpretation für jedes Nomen und seinen jeweiligen Artikel eine regelrechte Philosophie zu entwickeln, und mich damit vor meinen Mitschülern im Integrationskurs zu profilieren: „Ja, aber hallo? Natürlich ist Zitrone weiblich! Ist dir denn nicht aufgefallen, dass die Zitrone empfängt und nicht eindringt? Achte einmal darauf, wie eine Zitrone ausgepresst wird. Der Kopf der Zitronenpresse penetriert die Zitrone.", „Fisch? Ist natürlich maskulin, was denn sonst! Fisch ist auch eindringend und nicht empfangend. Hast du denn noch nie bemerkt, wie er beim Schwimmen mit seinem Kopf das Meer zerteilt?",

„Zucker ist eindeutig männlich. Natürlich muss in einer patriarchalischen Gesellschaft alles, was irgendwie süß schmeckt und gut ist, männlich sein. Das liegt doch auf der Hand."

Nie hätte ich gedacht, dass dieser Unsinn jemals über meinen engeren Freundeskreis hinausgelangen würde. Doch es trug sich zu, dass eine Freundin irgendeinem Galeristen von den Zeichnungen, die sie in meiner Wohnung gesehen hatte und von meiner Freudschen Philosophie des Genus' berichtete. Dem gefiel die Sache, und so kam er mich eines Tages in meiner Wohnung besuchen, um die Zeichnungen zu inspizieren.

Ich weiß nicht, wie es kam, dass sich die Ereignisse danach dermaßen überstürzten. Plötzlich fand ich mich auf vielen Anlässen wieder, bei denen die Menschen Weingläser durch die Gegend trugen, tratschten und kleines Salzgebäck von Silbertabletts verzehrten, während ringsherum Bilder an den Wänden hingen, darunter auch meine Zeichnungen. Irgendjemand erklärte sich immer bereit, die wichtigen linguistisch-sexuellen Konnotationen meiner Zeichnungen an meiner Stelle zu analysieren. Deswegen begnügte ich mich damit, mir kleine Pizzastücke in den Mund zu schieben, so dass dieser die ganze Zeit über voll blieb, damit keiner auf die Idee kommen konnte, mich nach meiner Interpretation zu fragen. Das erwies sich als gute Taktik, denn mit der Zeit kam ich in den Ruf, eine jener wortkargen Künstlerinnen zu sein, die die Stille und die Einsamkeit lieben, wodurch ich noch bekannter wurde. Eigentlich hatte ich nur eine einzige Konkurrentin, was meine Berühmtheit betraf: die koreanische Künstlerin Hye-Jin, die Portraits von Menschen malte, die sie exakt in jenem Moment verewigte, in dem sie für ihre Instagram-Bilder oder die schönen Fotos ihres Babys ein verlogenes Kompliment erhielten. Ich beobachtete Hye-Jin, wie sie sich Sushi-Stücke in den Mund stopfte und sich ebenfalls weigerte zu sprechen, während jemand anderes ihre Bilder erklärte: Sie seien eine Rebellion gegen die Künstlichkeit und Hypokrisie der modernen Konsumgesellschaften im Zeitalter der digitalen Kommunikation. Das ging zu weit. Mit diesem Trick konnte sie mir nicht kommen. Ich konnte nicht zulassen, dass Hye-Jin ebenfalls diese Rolle spielte und mir meinen Ruf der abgeschotteten Künstlerin, der einsamen Wölfin streitig machte. Leider musste ich später feststellen, dass ich falsch gelegen hatte. Das war, als ich sie mir bei einer gemeinsamen Ausstellung vorknöpfte: In der dunklen Ecke, in der sie sich versteckt hatte, kesselte ich sie ein und versuchte, sie zu provozieren. Ich schrie sie an, nur, damit sie etwas sagte oder mich wenigstens ansah und vor allen Leuten aufflog. Doch Hye-Jin brach in einem nervösen Anfall zusammen, worauf alle ihr zur Hilfe stürzten, während ihr Agent mit mir schimpfte, es sei verantwortungslos, sie so zu erschrecken, da sie an Autismus litte.

Es folgte eine Etappe von entscheidender Wichtigkeit. Ich konnte nicht ewig vom Ruhm meiner ersten Zeichnungen leben. Die Begeisterung der Leute ließ langsam nach. Gleichzeitig hatte ich begonnen, mich an das Künstlerdasein zu gewöhnen. Ich war nicht mehr fähig, einem normalen Job nachzugehen. Jeden Tag ging ich um acht Uhr morgens zu Bett und stand um fünf Uhr nachmittags auf. Ich ging auf Parties und trank zu viel. Ich verschuldete mich, um meine Miete und die Unkosten meiner Partygänge zu bezahlen und um mir absolut nutzloses Zeug zu kaufen.

Übrigens habe ich entdeckt, dass es dafür eine gesonderte Ecke im Supermarkt gibt. Dort kann man beispielsweise ein Utensil finden, das allein dafür gemacht ist, den grünen Butzen von Erdbeeren zu entfernen. Oder einen Kiwi-Trockner. Oder einen speziellen Wischlappen für Oberflächen aus Gummibaumholz.

Ich musste tätig werden. Ich musste mir etwas einfallen lassen, ich brauchte eine Idee, die der letzten Ausstellung in nichts nachstehen sollte. Zu jener Zeit war ich für ein Arbeitsstipendium für die Verwirklichung eines Installationsprojekts empfohlen worden. Ich hatte keine Ahnung, wie man eine Installation machte, aber als ich den Betrag sah, den ich erhalten würde, schrieb ich in der Bewerbungsemail: „Ja, einverstanden. Ich schicke euch später mehr dazu." Dann wandte ich mich an eine Verwandte, die eine berühmte Künstlerin ist, und fragte sie um Rat. Sie sollte mir beibringen, wie man eine Installation baut. Wie man eine Ausstellung macht, indem man Konzepte in visuelle Metaphern übersetzt. Sie machte sich schrecklich über meinen Bitte lustig und gab mir zu verstehen, dass Installationen heutzutage völlig anders funktionierten. Nachdem ich eingewilligt hatte, ihr die Hälfte des Fördergeldes abzugeben, gingen wir in eine alte leerstehende Autowerkstatt. Dann begannen wir mit der Arbeit. Sie gab die Anweisungen. Als wir fertig waren, blickten wir auf ein großes Rad. Es sah aus wie die Riesenversion eines Hamsterrads. Meine Verwandte platzierte noch schnell einen großen Tisch, auf dem Kaffeetassen standen, neben den Eingang.

Als später die Besucher hereinströmten, reichten wir jedem eine Kaffeetasse. Anschließend ließen wir sie im Hamsterrad rennen, doch das war meiner Verwandten nicht genug: Sie hatte zudem einen Schauspieler engagiert, der die Besucher mit Farbkugeln bewarf und sie anschließend auspeitschte. Als danach die Journalisten sie über die Bedeutung der Installation ausfragten, hatte sie Mut genug, eine nicht enden wollende Tirade an völlig sinnfreien Sätzen zu improvisieren: „Das Rad der Produktion dreht sich parallel zu den Reizen des Marktes und des Konsums; das Vergnügungskapital injiziert sein Gift in die Freude – wir sind Sklaven." Doch ihr selbstbewusstes Auftreten und ihre affektierte Art zu sprechen ließen sie wirken, als rezitierte sie in einem historischen

Moment aus dem Manifest einer neuen radikalen künstlerischen Strömung, die im Begriff war, alles zu verändern. Wir bekamen unser Fördergeld und die Ausstellung „Rad der Produktion" war relativ gut besucht, aber Hye-Jin wischte uns wieder eins aus, indem sie genau zum gleichen Zeitpunkt eine Ausstellung eröffnete, mit einer Installation, die noch mehr Aufsehen erregte. Es war ein Lautsprecher, aus dem immer dann Zikadengezirpe ertönte, wenn ein Besucher eine dumme politische Meinung äußerte.

Zeig mir mehr Gewalt

„Es ist ja nicht so, dass Ihr Roman schlecht wäre, aber – und ich bitte Sie, das nicht persönlich zu nehmen – ich kann so etwas einfach nicht veröffentlichen."

„Aber wo liegt denn das Problem? Könnte ich wenigstens eine Einschätzung von Ihnen bekommen, damit ich den Roman noch einmal überarbeiten kann? Ich habe immerhin vier Jahre daran geschrieben."

„Es tut mir leid, aber ich glaube nicht, dass da noch was zu retten ist. Fühlen Sie sich jetzt bitte nicht entmutigt, es ist schließlich nur meine Meinung, aber wenn ich jetzt meinen Arsch in ein Tintenfass tunke und mich dann auf einen Stapel leeres Papier setze, glauben Sie mir, es würde ein bedeutenderes literarisches Werk entstehen als dieser Roman. Das soll natürlich nicht heißen, dass Sie keine Schriftstellerin sind und sich einen anderen Beruf suchen sollten – beispielsweise Laubsammlerin –, es ist nur meine persönliche Meinung."

„Aha."

„Glauben Sie mir, wenn ich Sie nicht gerne hätte, hätte ich das Buch bereits nach der ersten Seite zugeklappt. Und Frida … Frida, so hieß doch ihre Freundin, oder?"

„Ja, schon."

„Nicht dass Sie das Gefühl bekommen, ich täte Ihnen hier unrecht: Ich habe Frida Ihren Roman zum Lesen gegeben. Ich wollte wissen, was sie dazu sagt. Nach der

Lektüre sagte sie mir, das letzte Mal, dass sie so viel gekotzt habe, sei vor fünf Jahren gewesen, als sie ein japanisches Restaurant im Kiez ausprobiert hatte, das am folgenden Tag aus hygienischen Gründen vom Gesundheitsamt dichtgemacht wurde."

„Davon hatte sie mir gar nichts erzählt …"

„Anderthalb Stunden lang. Ganze anderthalb Stunden lang kotzte sie ununterbrochen. Und dennoch wollte ich Ihnen eine weitere Chance geben. Der Herr Anton … das war doch ein Verwandter von Ihnen? Ein guter Freund Ihres verstorbenen Vaters? Als ich ihm das Manuskript schickte, um seine Einschätzung zu hören, bekam ich von ihm eine Drohung, meine Kinder zu entführen, sollte ich es je wieder wagen, ihm solche Schweinereien zu schicken. Noch einmal, Sie dürfen das nicht persönlich nehmen."

„Tue ich ja gar nicht."

„Schauen Sie doch mal aus dem Fenster. Sehen Sie da draußen diesen Jungen auf seinem Schulweg?"

„Hören Sie: Was Sie sagen wollten, ist angekommen, danke. Ich brauche seine Meinung nicht auch zu hören."

„Nein, ach was! Ich wollte Ihnen den Jungen doch bloß zeigen, weil er so extrem dünn ist. Als ob er unterernährt wäre. Wie dem auch sei, ich hoffe, dieses Gespräch hat Sie jetzt nicht verletzt. Ich wünsche Ihnen viel Glück, und vielleicht kriegen Sie Ihren Roman ja doch noch bei einem anderen Verlag unter."

„Okay, aber sagen Sie: Gab es denn wirklich keinen einzigen positiven Aspekt in meinem Roman?"

„Aber um Himmels Willen, natürlich, meine Liebe! Das Letzte, was ich Ihnen vermitteln wollte, ist, dass, gottbewahre, der Roman nichts als eine große Scheiße ist. Es gibt eine Sache, die ich persönlich äußerst inspirierend und anziehend fand: Ihren Mut. Sie haben einen wirklich bemerkenswerten Mut."

„Ja, eines kann ich sagen: Ich habe in meinem Roman so einiges an Tabus gebrochen."

„Tabus? Ach, Sie sind mir aber auch ein putziges Mädchen. Ich meine Ihren Mut, ein dermaßen miserables Werk zu schreiben und es dann auch noch veröffentlichen zu wollen. Das ist sehr mutig. Du liebe Güte, geben die Eltern diesem Jungen eigentlich gar nichts zu essen! Ich kann ja seine Knochen bis hier sehen!"

„Es gibt da etwas, was ich nicht ganz verstehe. Ich dachte, genau das wäre gefragt. Ich meine, ich habe alles in diesen Roman gelegt. Wirklich alles. Ich habe religiöse Tabus gebrochen. Und die Heldin des Romans rebelliert gegen gesellschaftliche Zwänge. In einer Szene sagt sie zu ihrem frommen Vater: ‚Kannst du nicht deinen Propheten einfach nehmen und ihn dir in den …'."

„Ja, ja, ich weiß. Es ist nicht nötig, das zu wiederholen."

„Außerdem habe ich sexuelle Tabus der arabischen Kultur gebrochen. Ist Ihnen nicht aufgefallen, wie die Heldin der Welt in ihrer ganzen Hässlichkeit entgegenschreit: ‚Ich will einen Penis, um diese Welt damit zu ficken!‘“

„Doch, doch, habe ich bemerkt. Wirklich reizend.“

„Zudem verurteilt dieser Roman ganz dezidiert die Diktatur. Er hat politisches Gewicht. Der Geliebte der Protagonistin sagt in seinem ersten Monolog: ‚Unter den Stiefeln der Soldaten wächst kein Gras mehr.‘ Was will man mehr? Die verbotene Trilogie, die drei unantastbaren Dinge Sex, Religion, Politik, schüttle ich aus dem Handgelenk. Und auf den Sexismus in der arabischen Gesellschaft habe ich auch angespielt. Schließlich leidet die Heldin unter dem autoritären Gehabe ihres Vaters und ihres Bruders. Sogar die syrische Revolution habe ich noch mit untergebracht – obwohl es zugegeben echt schwierig war, zwischen all dem auch noch dafür Platz zu finden. Deswegen habe ich ja die Figur des Ehemanns der Tante des Geliebten der Protagonistin erschaffen, ein liebenswerter Flüchtlingsschleuser, der am Ende sein Leben opfert, um eine Flüchtlingsfamilie von einem sinkenden Boot zu retten. Den Bösewicht meines Romans habe ich ein Mitglied der Staatssicherheit sein lassen, was natürlich eine symbolische Ebene hat, die die Realität versinnbildlicht. Der männliche Held des Romans ist ein Aktivist der syrischen Revolution, und es gibt vier Kapitel, die komplett im Gefängnis spielen, im Laufe derer es dem Helden gelingt, eine emotionale Verbindung zur menschlichen Seite des Gefängniswärters herzustellen.

Der Spannung halber geht es aber auch um den Antiken-
schmuggel, den ein einflussreicher Beamter betreibt. Parallel dazu entwickelt sich eine packende Mordgeschich-
te, an deren die Geliebte jenes hohen Beamten ermordet
in der Badewanne aufgefunden wird. Es gibt alles, aber
auch wirklich alles in diesem Roman. Alles, was sich gut
an westliche Leser verkaufen lässt! Und dann kommen
Sie und sagen, dass Sie ihn nicht übersetzen und verlegen
wollen!?"

„Okay. Ich glaube, es gibt da etwas, das Sie wissen sollten. Hier scheint ein Missverständnis vorzuliegen. Wir
befinden uns im Jahr 2016. Ein volles Programm, wie Sie
es in Ihrem Roman veranstalten, wäre vielleicht vor Jahr-
zehnten gegangen. Vor vielen, vielen Jahren. Heute sind
unsere Bücherregale voll mit aus dem Arabischen über-
setzten Romanen, auf deren Umschlag ein Foto prangt
mit den ängstlichen Augen einer Frau im Niqab oder
Ähnlichem. Neunundneunzig Prozent dieser Romane
haben die gleichen Tabus gebrochen, von denen Sie eben
gesprochen haben. So etwas will heute keiner mehr lesen."

„Aber was soll ich denn dann machen? Was soll ich
denn sonst brechen?"

„Wie wäre es mit einem Besuch beim Islamischen
Staat? Das ist gerade total in. Ein Buch mit Ihren Tage-
bucheinträgen aus einem IS-kontrollierten Gebiet und
Ihre Beziehung mit einem IS-Kämpfer ließe sich grandi-
os vermarkten."

„Dazu wird es nicht kommen. Mag ja sein, dass ich einsam bin, aber so verzweifelt bin ich noch lange nicht, dass ich mich dazu verleiten ließe, Daesh-Typen zu vögeln. Das wird niemals geschehen. Zumindest nicht, solange mir Tinder auch nur einen Funken Hoffnung lässt."

„In diesem Fall bleibt uns nur noch eines übrig. Es scheint offensichtlich, dass Sie nicht in der Lage sind, mir etwas Vermarktbares zu liefern. Dann lassen Sie uns wenigstens versuchen, etwas zu produzieren, das der anspruchsvolleren Leserschaft zusagt. Vielleicht könnten wir damit an Literaturwettbewerben teilnehmen."

„Peter, das hatten wir doch schon einmal besprochen. Ich werde bestimmt keinen Roman über den Sufidichter Dschalal ad-Din ar-Rumi schreiben."

„Nein, nein, ich dachte an etwas anderes. Könnten Sie vielleicht ein bisschen über Gewalt schreiben? Da ist er ja schon wieder! Nichts als Haut und Knochen. Dieser Junge ist schmaler als die Schnur der Stringtangas meiner Frau. Kaum zu glauben. Jedenfalls, zurück zum Thema: Könnten Sie für uns etwas Gewalttätiges schreiben?"

„Ja, klar, natürlich kann ich das. Ich habe enorm viel Aggression in mir …"

„Sehr gut, denn wie es scheint, ist das momentan sehr angesagt. Wir könnten das dann auch in den Zusammenhang stellen mit der Tatsache, dass Sie ja selbst eine Geflüchtete sind und vermutlich kriegstraumatisiert und so weiter, um dann zu sagen, dass sich das in Ihrer aggressiven Sprache widerspiegelt. Wie weit könnten Sie dabei gehen?"

„Ich könnte … Ich könnte eine der Figuren so richtig übel zusammenschlagen."

„Langweilig. Was noch?"

„Na ja, ein Protagonist könnte Menschenfleisch essen. Ich weiß nicht. Und auf Leichen stehen. Sex mit Leichen haben. Und sie anschließend aufessen."

„Nicht schlecht. Aber das ist immer noch nicht das Niveau, das wir brauchen."

„Ok … Noch mehr Leichen. Sagen wir, Massengräber. Eine Orgie auf einem Massengrab, abgehalten von einer perversen Sekte, die glaubt, dass Sex mit Leichen letzteren gegenüber Wertschätzung ausdrückt."

„Also, ich weiß nicht recht. Irgendwie fehlt mir da immer noch etwas. Die albernste Krimiserie enthält heutzutage solches Zeugs. Ich will mehr, noch viel mehr Gewalt."

„Wie wäre es, wenn die Sektenmitglieder vor den Augen ihrer Geiseln mit ihren Fingernägeln über eine Raufasertapete kratzen würden und dann das Ganze filmen und die Videos ins Deep Web hochladen?"

„Oh, wow, das ist fies! Wir kommen der Sache näher, aber ich bin immer noch nicht ganz zufrieden. Zeigen Sie mir mehr. Glauben Sie, dass Malabsorption der Grund für die Verwandlung dieses Jungen sein könnte? Oder ist es doch eher Unterernährung und Vernachlässigung durch die Eltern?"

„Wollen Sie mehr sehen?“

„Ja … Ja … Aber wieso schließen Sie denn jetzt die Tür ab? Haben Sie sich eben erst diese Handschuhe angezogen oder hatten Sie diese die ganze Zeit über schon an?“

„Ich habe Ihnen doch gesagt, ich trage enorm viel Aggression in mir.“

.

Solardroge

Manchmal kann das Verhalten von Eltern schon sehr speziell sein.

Beispielsweise das meiner Eltern, als ich beschloss, Damaskus zu verlassen und nach Beirut zu gehen, da mir das, was um mich herum geschah, große Angst machte. Besonders die Tatsache, dass meine Freunde einer nach dem anderen verschwanden. Zuerst war meine Mutter dagegen, doch schließlich fügte sie sich meinem Entschluss. Dafür lief sie mir allerdings von einem Zimmer ins andere hinterher und redete auf mich ein, ich solle im Ausland bloß meinen Anstand bewahren und ja mein Studium zu Ende machen. Wer sie hörte, hätte meinen können, dass ich nur deshalb verreisen wollte, um ohne die Kontrolle meiner Familie endlich die Freiheit zu haben, drogenabhängig zu werden und wahllos Sex zu haben mit jedem, der mir über den Weg liefe, bis ich schließlich gezwungen sein würde, um der Drogen willen als Prostituierte zu arbeiten. Na gut, ich wollte tatsächlich frei sein, nur vielleicht ohne den Teil mit den Drogen, dem wahllosen Sex und dem Verkauf sexueller Dienste an Fremde. Nicht etwa, weil ich ein Problem mit denjenigen habe, die das tun, sondern einfach, weil ich körperlich wirklich nicht für diese Art von wildem Leben qualifiziert bin. Und meine Mutter müsste das eigentlich besser wissen als jeder andere, da sie so viele Jahre lang mit mir zusammengelebt hat. Ich bin jemand, der einem pensionierten Vampir ähnelt, mit einem schwachen Nervensystem und einer chronischen Magenverstimmung. Der kleinste Sonnenstrahl verletzt meine Haut und überdeckt sie mit Ausschlag, und am besten lasse ich überhaupt keine Sonne an sie heran. Deshalb gehe ich auch nicht oft auf die Straße. Das leiseste Geräusch macht mir Angst und von der kleinsten Ursache wird mir schwindlig.

Als ich schließlich nach Beirut gezogen war, folgte eine Zeit, in der ich von einem Ort zum anderen rannte, um Möbel für das Miniappartement zu finden, das ich mir zum billigst-möglichen Preis gemietet hatte. Dabei kaute ich mir, während ich täglich meine Bilanzen durchrechnete, die Fingernägel ab aus Sorge, mein Geld würde nicht bis zum Monatsende reichen. Währenddessen fragten die Nachbarn in Syrien meine Mutter immer wieder, ganz aus dem Häuschen vor Neugierde, wie es mir denn nun in Beirut gehe. Ich bin mir sicher: In ihrer Vorstellung verbrachte ich gerade meine Zeit auf den Yachten reicher Männer, von denen einer Kokain aus meinem Bauchnabel schnupfte, während ich rücklings ausgestreckt auf einem Billardtisch lag.

Als ich dann später von Beirut nach Berlin zog, bemerkte ich, dass auch Europa gegenüber teilweise merkwürdige Vorstellungen herrschten. So werden in eigens für Neuankömmlinge gegründeten Facebookgruppen

Fragen gestellt wie: „Ist es wahr, dass die Europäer meinen Sohn zwingen werden, in der Schule Sex zu haben, als eine Art Aufklärungsunterricht?" Andere Fragen verrieten, dass die, die sie stellten, davon ausgingen, die Leute in Europa würden Drogen konsumieren wie andere ihr täglich Brot und Wasser.

Während der Anfangszeit war ich zu beschäftigt, diese Behauptungen zu überprüfen. Ich hatte genug zu tun mit meinem Papierkram und mit der ständigen Suche nach Übersetzern, die mir helfen würden. Doch als dann eines Tages der Sommer kam, bemerkte ich ein höchst seltsames Phänomen in der Stadt. Zu dieser Jahreszeit trat ein geheimnisvolles Kollektivverhalten auf: Menschen rissen sich die Kleider vom Leibe, formierten Gruppen und rannten aufgeregt in Parks und zu anderen Grünflächen. Ein Notizbuch in der Handtasche, in dem ich meine Beobachtungen festhalten wollte, mischte ich mich unbemerkt unter sie. Ich wollte versuchen zu verstehen, was da vor sich ging. Auch wenn ich eigentlich gar nicht in die Sonne gehen durfte. Aber die Forschung verlangt eben manchmal ihren Tribut. Mir fiel auf, dass diese Menschen vor Energie sprühten, während sie sich den Weg durch das Gedränge in den U-Bahnstationen und auf den Straßen bahnten, um so schnell wie möglich zu den Parks oder offenen Flächen zu gelangen.

Die Symptome der an diesem Phänomen beteiligten Menschen fasste ich wie folgt zusammen:

- Hyperaktivität
- Nervosität
- unkontrollierte Bewegungen
- Konzentrationsschwierigkeiten
- extreme Gelöstheit
- Realitätsverlust
- Neigung zu Gleichmut, Nächstenliebe und Frieden
- Bedürfnis, Musik zu hören

Es gibt eine ganze Reihe an Drogen, die diese Symptome auslösen können. Ich begann, im Netz zu recherchieren und mir die Wirkungen jeder einzelnen Droge zu notieren, um abzugleichen, inwieweit sie sich mit meinen Aufzeichnungen deckten. Doch es war aussichtslos; meine Erkenntnisse ließen sich nicht auf eine Droge eingrenzen. Ich war kurz davor aufzugeben, als mir etwas Denkwürdiges auffiel: Gegen Ende des Sommers klangen die Symptome langsam wieder ab; zu Winteranfang waren sie vollständig verschwunden und die Menschen zu ihrer üblichen Depression zurückgekehrt. In meinem Heft notierte ich mir die wissenschaftliche Erklärung, zu der ich gekommen war:

„Bei diesem Phänomen scheint es sich um ein jährliches religiöses Ritual zu handeln, welches in Verbindung mit Drogen und ausschließlich zur Sommerzeit praktiziert wird. Dabei versuchen die Menschen, den Göttern näher zu kommen, indem sie sich entkleiden, so dass sie in reiner Nacktheit schrankenlos mit ihnen kommunizieren können. Zudem nehmen die Gläubigen eine der Autorin bis zum Zeitpunkt des Schreibens dieser Zeilen noch unbekannte Droge, mithilfe derer sie neue Dimensionen zu erreichen suchen, in denen sie jene Götter wohl vermuten."

Ich ordnete meine sämtlichen Forschungsergebnisse und redigierte sie ein zweites Mal, mit dem Ziel, sie über ein Forschungszentrum zu veröffentlichen, als plötzlich eine radikale Wendung im Verlauf der Forschung mich zwang, alles, was geschehen war, noch einmal neu zu überdenken.

An jenem Tag war mich eine Freundin zu Hause besuchen gekommen. Wir saßen in der Küche, redeten und tranken Kaffee. Es ging ihr nicht besonders gut, da sie sich erst kurz davor von ihrem Freund getrennt hatte. Ich bat sie, mich für eine Minute zu entschuldigen, um auf die Toilette zu gehen, und als ich wieder zurückkam, war sie plötzlich ganz verändert. Ihr Blick wirkte verschwommen und ihre Bewegungen hibbelig, dabei lächelte sie ohne jeglichen Anlass und starrte ins Leere. Ihre Hände zitterten, während sie versuchte, die Kaffeetasse zum Mund zu führen. Ich fragte sie, ob sie sich gut fühle. Sie begnügte sich damit, neurotisch zu lächeln und mit dem Kopf zu nicken, dann fiel ihr die Kaffeetasse aus der Hand. Porzellanstücke sprangen über den Küchenboden. Ich bückte mich, um die Scherben aufzuheben. Sie nutzte die Gelegenheit, nahm ihre Handtasche vom Tisch und stürzte mit raketenhafter Geschwindigkeit aus der Wohnung.

Abgesehen von der Sorge um meine Freundin war da noch etwas anderes, was mich zutiefst nachdenklich stimmte: Dies war das erste Mal, dass ich die Symptome jenes Sommerwahnsinns im tiefsten Winter an einer Person feststellte. Diese neuen Daten ließen meine bisherigen Erkenntnisse in einem komplett neuen Licht erscheinen. Mich überkam ein leichtes Schwindelgefühl. Da fiel mir ein, dass ich meine tägliche Ration Nahrungsergänzungsmittel noch nicht eingenommen hatte. Eins der Pillendöschen fehlte. Dabei hatte ich es doch gerade erst, bevor meine Freundin zu mir gekommen war, auf den Tisch gestellt, um mich daran zu erinnern, dass ich die Pillen noch einnehmen musste. Doch dann hatte ich mich von unserem Gespräch davontreiben lassen. Ich war mir todsicher, dass das Döschen auf dem Tisch gestanden hatte, doch jetzt war es spurlos verschwunden. Irritiert suchte ich noch einige Minuten weiter, bis mir plötzlich eine tollkühne Idee kam, die vielleicht imstande war, alles bisher Geschehene zu erklären.

Das Bewusstsein jener Erkenntnis war mehr, als ich ertragen konnte. Ich öffnete das Fenster, um Luft zu schnappen, trotz der Eiseskälte draußen. Die spärlichen Sonnenstrahlen, die milchig durch die Wolkendecke sickerten, trugen alle Antworten in sich. Das verschwundene Döschen war für die Vitamin-D-Tabletten, die ich seit Jahren einnehmen muss, da ich mich nie der direkten Sonne aussetze. Es muss etwas an dieser Vitamin-D-Packung gewesen sein, was meine Freundin verlockt hatte, eine Tablette zu kosten, und infolgedessen hatte sie das Sommer-Syndrom bekommen. Das bedeutete, dass die Symptome, die jene Menschen im Sommer befielen, durch direkte Sonneneinstrahlung nach einer langen sonnenlosen Zeit verursacht werden, wodurch der Vitamin-D-Pegel im Körper plötzlich in die Höhe schießt, was eine drogenähnliche Wirkung hervorzurufen scheint.

Zwei Wochen später machte ich mich zum Haus meiner Freundin auf, um mit ihr über die Sache zu reden. Womöglich schadete ihr die Einnahme von Vitamin D und sie schlug über die Stränge? Als sie mir öffnete, stand sie wankend in der Wohnungstür. Ihr Zustand wirkte erbarmungswürdig. Sie hatte extrem viel Gewicht verloren und die Haut unterhalb ihrer Augen schimmerte bläulich. Besorgt beobachtete ich, wie sie gierig rauchte. Mir den Rauch ins Gesicht blasend sagte sie:

„Ich glaube, jetzt ist endgültig alle Hoffnung flöten gegangen." Sie sah mich mit einem langen, traurigen Blick an und fuhr fort: „Ich denke ernsthaft darüber nach, dem Ganzen ein Ende zu setzen und mich von diesem elenden Leben zu erlösen."

Als ich das hörte, zerrte ich sie mit einem Ruck von der Türschwelle ins Innere der Wohnung. Ich verschloss die

Tür hinter uns, packte sie an beiden Schultern und schüttelte sie heftig durch: „Ich will nie wieder so etwas aus deinem Mund hören, verstanden? Was fällt dir ein, es so weit mit dir kommen zu lassen, wo du doch eine gebildete Universitätsstudentin bist?!"

„Zuerst dachte ich, ich könne jederzeit wieder damit aufhören. Ich habe gehofft, kleine Dosen ab und an würden mir ausreichen. Aber es war wie eine Talfahrt auf dem Schlitten. Sobald du dich daraufsetzt, geht es nur noch bergab. Es fing mit einer Handvoll Tabletten an, um über meine Trennung hinwegzukommen, und es endete damit, dass man mir meinen Job gekündigt hat und ich in Schulden versinke."

„Und all das ist in nur zwei Wochen passiert? Überhaupt, wo sind denn deine ganzen Möbel? Und dein kleiner Sohn hat ja gar nichts zum Sitzen außer seiner Jacke. Und wieso wirkt das arme Kind denn so verstört? Bitte: Sag mir, dass du die Pillen nicht vor den Augen des Kindes nimmst?!"

„Meine Möbel habe ich verkauft, um die Schulden für die Pillen zu bezahlen. Aber ich glaube nicht, dass der Kleine etwas davon nimmt. Ich schaffe es ja selbst kaum noch, meinen eigenen Bedarf zu decken. Allerdings habe ich den Verdacht, dass ein Dealer es auf Schulen abgesehen hat und den Kindern Vitamin-D-Tabletten anbietet, wenn sie aus der Schule kommen."

„Aber das darf man doch nicht zulassen! Sind sie wirklich so verkommen, dass sie das Zeug sogar an Kinder verkaufen?!"

„Die Sache ist mittlerweile größer als du und ich. Leider. Die Dealer sind in Verbindung mit einem weltweiten Netzwerk aus Vitamin-D-Kartellen, die die Pillen direkt von den Feldern in Kolumbien, wo sie angebaut werden, über die Grenze schmuggeln und auf ein internationales Handelsnetz verteilen."

„Aber Sophie, du hast die sonnenähnliche Drogenwirkung von Vitamin-D-Tabletten doch erst vor zwei Wochen bei mir zu Hause entdeckt! Wie konnte es sich so schnell herumsprechen, dass Vitamin D inzwischen sogar in Kolumbien angebaut wird, um der weltweiten Nachfrage nachzukommen?"

„Das weiß ich doch nicht. Ich erinnere mich nicht … Oder vielleicht, doch, jetzt, wo du mich fragst … Ich habe einmal etwas wie ein positives Rating der Tabletten auf Twitter verfasst. Da habe ich recht viele Follower. Aber ich schwöre, ich habe mein Lob nur ganz vage angedeutet, es war total indirekt!"

„Wirklich? Wie indirekt genau war denn deine Andeutung formuliert?"

„Werdet süchtig nach Vitamin-D-Nahrungsergänzungsmitteln! Es ist besser als Ecstasy!"

„In der Tat, eine sehr verschlüsselte und subtile Andeutung. Ist das alles?"

„Na ja, ehrlich gesagt, nein. Nachdem ich aus deiner Wohnung weggegangen war, bin ich mit ein paar Freunden zu einer Techno-Party gegangen. Ich habe ein paar deiner Pillen in meiner Clique verteilt, natürlich erst, nachdem ich sie über die Wirkung aufgeklärt hatte. In jener Nacht fühlten wir uns so glücklich wie nie zuvor. Am nächsten Tag hatte sich die Sache herumgesprochen, so dass die Pillen zu einem neuen Trend in Berliner Clubs wurden. Man gab ihnen den Namen *Sonnenorgasmus*. Kurz darauf wurden alle Bestände der Apotheken aufgekauft, und die Dealerschaft fing an, alles, was sie bekommen konnten, zu astronomischen Preisen zu verkaufen. Inzwischen hat die Stadtverwaltung begonnen, psychologische Selbsthilfegruppen für Vitamin-D-Süchtige zu fördern, und die deutsche Nationalmannschaft hat sich einer Aufklärungskampagne für Jugendliche und Kinder angeschlossen. Sie tragen jetzt T-Shirts mit dem Aufdruck: ‚Sag Nein zu Vitamin D‘.“

Später überredete ich meine Freundin, an einem jener staatlich geförderten Suchttherapie-Programme teilzunehmen, bei dem sich die Patienten während der ersten Monate jeden Tag eine volle Stunde unter die UV-Lampe legen müssen. Dann wird die Strahlendosis graduell heruntergedimmt, bis der Körper des Süchtigen schließlich völlig clean ist. Danach wird den Patienten eine ehrbare Anstellung angeboten und Studenten werden dabei unterstützt, sich wieder in ihr Studium zu integrieren.

Inzwischen freue ich mich jedes Mal riesig, wenn ich meine Freundin mit ihrem Kind sehe. Sie ist jetzt gesund und hat wieder ihr normales Gewicht erreicht. Außerdem hat sie wegen der regelmäßigen Bestrahlung unter der Sonnenlampe einen wunderschön strahlenden Bronze-Teint. Doch meine Freude verflüchtigt sich jedes Mal wieder genauso schnell, wenn ich einen jener Dealer sehe, der den Vorbeigehenden in dunklen Gassen Vitamin D anbietet. In der Tat, dieses Problem ist größer als wir beide.

Visum?!

Es war in der kalten Jahreszeit, genauer gesagt im Januar, als ich meinen Asylantrag in Deutschland stellte. Ich hatte keine Ahnung, was auf mich zukommen würde. Ohnehin stand ich der ganzen Prozedur misstrauisch gegenüber. Vielleicht weil ich den Fehler begangen hatte, ausgerechnet zu jener Zeit den Comic *Maus – Die Geschichte eines Überlebenden* zu lesen.

Als ich dann bei der Erstantragsstelle in der Turmstraße war, sah ich zum ersten Mal seit zwei Jahren eine so große Anzahl von Syrern an einem Ort versammelt. Ich fühlte mich irgendwie heimisch, weswegen ich versuchte, mit jedem, der mir über den Weg lief, ins Gespräch zu kommen. Doch schon bald erwies sich das Ganze als ziemlich anstrengend.

Anfangs beantwortete ich aufrichtig jede Frage, die man mir stellte. Allmählich aber bemerkte ich, dass die Fragen immer mehr wurden und dass meine Antworten, ohne dass es meine Absicht war, auf das Gegenüber provozierend wirkten. Ich gehöre zur glücklichen Minderheit jener, die nicht gezwungen waren, die Schrecken des Meeres oder der Landroute zu erleben, sondern die mit einem regulären Visum eingereist sind. Ich dachte mir nichts dabei, als eine Dame mir die stinknormale Frage stellte: „Wann bist du angekommen?" Ehrlich antwortete ich ihr: „Vor drei Monaten", worauf sie wiederum fragte:

„Und wieso beantragst du dann erst jetzt Asyl?" Darauf sagte ich ganz naiv: „Weil mein Visum drei Monate gültig war." Es folgte eine bedrohliche Stille. Dann sagte die Dame gedehnt: „Viiiiisum?"

Vielleicht sagte sie es auch ganz normal. Womöglich war es mein schlechtes Gewissen, das mir den Tonfall der Dame so feindselig erscheinen ließ: ein Schuldgefühl, weil ich ganz bequem und legal im Flugzeug hierhergereist bin und nichts von all dem erleben musste, was die anderen erlitten.

Der despektierliche Ton, in dem sie das Wort „Visum" wiederholte, hörte sich genauso an wie die Stimme meiner Mutter, wenn sie mich als Teenager beim Rauchen erwischte: „Zigaretten?????" Das klang so, als würde sie gleich auf dem Platz gegenüber unserer Wohnung einen Scheiterhaufen für mich errichten. Die Frage jener Dame hatte etwas subtil Verächtliches gehabt, als wolle sie sagen: „Wer bist du denn, dass man dir ein Visum gibt?"

Eine andere Frage, die mir gestellt wurde, war: „Wen hast du denn da bei dir?" Bei diesen Spaziergängen begleitete mich immer mein lieber Freund, der sich bemühte, mir zu helfen, wo es nur ging. Er wollte nicht, dass ich die langen Stunden des Wartens alleine verbrachte. Auch hier antwortete ich ehrlich: „Mein Freund." Dann sah ich, wie sich die Lippen des Fragers leicht verzogen. Wer war diese Person, die weder mein Verlobter noch mein Ehemann war? Mit welchem Recht begleitete er mich, bitteschön?

Am allerunangenehmsten war es für mich, wenn ich gefragt wurde, woher ich komme. Okay, das ist jetzt vielleicht etwas kompliziert für diejenigen zu verstehen, denen die soziale Geographie Syriens nicht ganz geläufig ist. Ich habe mein ganzes Leben in der syrischen Hauptstadt Damaskus gelebt. Dennoch dürfte ich nie von mir behaupten, Damaszenerin zu sein. Und das, obwohl schon meine Großeltern väterlicher- und mütterlicherseits in Damaskus gelebt haben. Wer das nicht akzeptiert, sind die echten Damaszener: diejenigen, die damit angeben können, seit Generationen zu jener Stadt zu gehören. Damaskus ist wirklich die einzige Stadt in Syrien, die ich gut kenne, aber mein Nachname lässt keinen Zweifel daran, dass ich nicht von dort stamme. Wenn ich also „Damaskus" sagen würde, sähe das so aus, als würde ich lügen und mich als Damaszenerin aufspielen wollen. Und das will ich nun wirklich nicht. Bei all meiner Liebe zu der Stadt.

An dieser Stelle kommt aber der noch schwierigere Teil: Woher kommt meine Familie? Wieso sagte ich das nicht einfach ehrlich jedem, der mich danach fragte? Nun ja, das zu sagen ist ein klitzekleinbisschen problematisch, da ausgerechnet die Stadt, aus der meine Familie stammt, prozentual die meisten Angestellten des syrischen Geheimdienstapparats hervorgebracht hat. Jener

Staatssicherheit, vor der die meisten Syrer geflohen sind und die sie überhaupt erst zu Flüchtlingen gemacht hat. Innerhalb eines wenige Sekunden dauernden Gesprächs konnte ich es unmöglich schaffen, die Geschichte in ihrer ganzen Komplexität zu erzählen und klarzustellen, dass die Tatsache, dass meine Familie nun einmal von dort stammt, gar nichts aussagt. Dass ich aus den gleichen Gründen hier bin, aus denen sie auch geflohen sind. Dass ich mit ihnen im selben Boot sitze. Deswegen stockte ich meistens nach der Frage „Woher kommst du?" einen Tick zu lange, bis ich schließlich etwas Unverständliches murmelte und versuchte, der Frage durch jämmerliche, mit verkrampftem Lächeln vorgetragene Scherze auszuweichen: „Aus dem Land Gottes", oder indem ich die Taktik der Gegenfrage benutzte: „Nach was sehe ich denn aus? Schätz doch mal!" Und dann suchte ich mir irgendeinen Ort aus, den jemand geraten hatte.

Danach begann ich mir fertige Geschichten zurechtzulegen: Ich bin vorgestern angekommen, auf dem Landweg, über Mazedonien und Bulgarien. Dann habe ich einen Tag bei einem Verwandten in Österreich übernachtet und bin schließlich hierhergekommen, um mich den Behörden zu stellen. Manchmal hatte ich auch den Weg übers Meer genommen, von Libyen aus. So kam ich in Italien an und bin von dort aus in einem Schmuggelauto nach Berlin gefahren. Und der junge Mann an meiner Seite, das ist mein Cousin, der Sohn meiner Tante, bei der ich jetzt für die Zeit meines Asylverfahrens wohne. Manchmal war er aber auch mein Ehemann, der brutal zu mir ist und mich schlägt. (Nach einer Weile geht einem bei dieser ganzen Lügerei die Fantasie durch.) Ich komme aus dem Damaszener Umland und entstamme einer kleinen Familie, die ursprünglich einmal aus dem Irak gekommen ist, wobei wir eigentlich aus der Türkei stammen.

So lief eigentlich alles bis zum Tag meiner Registrierung in der Flüchtlingsunterkunft relativ glatt. Man gab mir eine Adresse, bei der ich mich vorübergehend anmelden sollte, bis ich einem anderen Ort zugewiesen werden würde. Wir (mein Freund und ich) konnten mit der Adresse nichts anfangen, deshalb fragten wir einen jungen Mann, der im gleichen Heim zu wohnen schien, und er bot sich an, uns hinzubegleiten. Auf dem Weg kehrten dieselben Fragen wieder, doch richteten sie sich diesmal an meinen Freund. Schließlich war er der Mann und konnte damit für mich sprechen: „Ist sie deine Verlobte? Woher kommt ihr? Wie lange seid ihr schon hier?" Mein Freund antwortete, dass ich seine Verlobte sei, und die Gesichtszüge des Mannes hellten sich auf, als er erfuhr, woher mein Freund kommt – nämlich aus einer der ersten Städte, in denen es Proteste gegen das Regime gegeben hatte. Er fasste genug Vertrauen zu uns, um uns seine politische Position zu offenbaren, die natürlich in Opposition zum Regime stand, und wollte uns mit einer netten

Geste etwas Gutes tun. Er wandte sich an meinen Freund (meinen angeblichen Verlobten) und schlug ihm begeistert vor: „Mach dir keine Sorgen um das Fräulein. Bei uns ist sie bestens aufgehoben. Ich werde ein gutes Wort beim Heimvorsteher einlegen, dass er sie ausschließlich mit syrischen Frauen einquartieren soll, nicht mit diesen komischen Frauen von weiß Gott woher." Der Mann meinte es sicher nur gut, doch alles, was mir dazu einfiel, waren die Verhöre, denen ich in jeder Gruppe von Syrern unterzogen werde, die mir begegnen. Ich malte mir aus, wie ich in einem Zimmer mit vielen syrischen Damen saß, die mich anschrien: „Viiiiisum?!!! Hast du gerade Viiiiisum gesagt? Außerdem, du wirkst gar nicht, als kämst du aus dem Damaszener Umland, zeig mal deinen Personalausweis!" Deshalb ließ ich die beiden jungen Männer stehen und eilte voraus. Ich betrat das Erstaufnahmelager, eine in ein altes Fußballstadion montierte Riesenkugel. Diese hatte aufblasbare Wände – ohne Scheiß! –, und man musste die Tür auf eine ganz bestimmte Weise öffnen, damit die Luft nicht aus der Kugel wich und das Aufnahmelager über den Köpfen der Bewohner zusammen sank. Schnell ging ich zum Wachmann und reichte ihm meine Unterlagen, mich immer wieder nervös umsehend. Eine Angestellte gab mir sauberes Bettzeug und führte mich in eines der Familienzimmer, die mit je drei Stockbetten ausgestattet waren. In einem der Betten lag ein Mädchen und schlief. Sie machte auf mich den Eindruck, als schliefe sie seit Urzeiten und zwar aus Langeweile und nicht aus Erschöpfung, während sie wartete, dass ihr Verfahren zu Ende ging. Als wir hereinkamen, wachte sie auf. Sie sah mich an, und ich beeilte mich, sie zu fragen: „Sprichst du Arabisch? Nein? Englisch?" Träge sagte sie, mit einem Gähnen: „English little little." „Super. Das ist großartig", antwortete ich.

Das Eis brechen

Kein Zweifel, die Globalisierung hat die Kommunikation zwischen den Menschen erschwert. Damals, als sich der Gesprächseinstieg mit Fremden noch ums Wetter oder um ein aktuelles Ereignis irgendwo auf der Welt oder um Hausmittel zur Behandlung von Sodbrennen oder Grippe drehte, funktionierte die Kommunikation zwischen den Menschen viel besser. Denn diese Art Gesprächsthemen lassen einem keine Gelegenheit, ins Reden zu kommen und dabei womöglich auf Glatteis zu geraten und die andere Person zu kränken. Außerdem haben bei solchen Smalltalk-Themen weder die eigene Dummheit noch der eigene beschissene Humor eine Chance, sich zu offenbaren. Zweifellos ist der Standard der zwischenmenschlichen Kommunikation erheblich gesunken, seit es üblich geworden ist, dass Leute aus verschiedenen Ländern zusammenkommen. Denn jeder, der gegenüber einer Person aus einem fremden Land das Eis brechen will, ist der Meinung, das beste Mittel dafür sei, belanglose Allgemeinplätze über das jeweilige Land loszuwerden. Natürlich ist das der kürzeste Weg, sich jegliche Chance zu verspielen, eine gute Beziehung zu der Person aufzubauen, mit der man ins Gespräch zu kommen versucht.

Das erinnert mich an die Geschichte eines Freundes. In den ersten Wochen seines Auslandsstudiums traf er einmal zufällig eine irische Kommilitonin in der U-Bahn. Er ist kein sonderlich geselliger Typ, deshalb wusste er zuerst nicht recht, worüber er sich mit dem Mädchen unterhalten sollte. Krampfhaft versuchte er, sich alles, was er über Irland wusste, ins Gedächtnis zu rufen, was am Ende dazu führte, dass er ihr gegenüber folgendes Schmuckstück formulierte: „Ich liebe die IRA!" Mir sind keine Einzelheiten darüber bekannt, wie dieser Kommunikationsversuch endete. Was ich aber sicher weiß, ist, dass sich dieses Mädchen nicht mehr in seiner Freundesliste befindet.

Es kann aber durchaus noch schlimmer laufen, nämlich wenn du zusätzlich versuchst, dieser Katastrophe noch eine Prise Humor hinzuzufügen. Nicht genug, dass du auf diese äußerst bedenkliche soziale Praxis gesetzt hast, noch dazu bist du dir des Unterschieds im Humor zwischen den beiden Kulturen nicht bewusst. So habe ich zum Beispiel vor einiger Zeit versucht, mit einem koreanischen Studenten zu sprechen, der mit mir den Sprachkurs besucht. Ich wollte ihn mit meiner Witzigkeit beeindrucken, während wir uns über Nord- und Südkorea unterhielten, indem ich ihm sagte: „Man kann von Glück sprechen, dass Kim Jong-un* kein großer Kinoliebhaber

---

* Kim Jong-il, der Vater von Kim Jong-un, entführte 1978 zwei von Südkoreas wichtigsten Filmemachern und Schauspielern und zwang sie, pro-nordkoreanische Versionen ausländischer Kinohits zu drehen, einschließlich einer kommunistischen Version von *Godzilla*.

ist. Immerhin werdet ihr jetzt nicht mehr so oft nach Nordkorea entführt." Die Technik, die jener Koreaner zum Verschwinden benutzte, ist mir nach wie vor unbekannt. War es ein Ninja-Trick? Denn innerhalb eines Sekundenbruchteils war er aus dem Raum verschwunden und hatte mich in einer äußerst peinlichen Lage unter den irritierten Blicken der anderen Leute im Raum allein gelassen. Übrigens bin ich sehr froh, dass wir jetzt endlich einmal darüber sprechen. Und wo wir schon dabei sind, an dieser Stelle hätte ich denjenigen ein ernstes Wörtchen zu sagen, die jedes Mal, wenn arabische und israelische Leute an einem Ort zusammentreffen, den Scherz wiederholen: „Bitte bringt euch nicht um!" Ich bitte euch. Dieser Witz ist mittlerweile uralt und hat keinerlei Effekt, außer dass er die Stimmung in der Runde vergiftet.

Ich komme jetzt auf Deutschland zu sprechen – und zu Deutschland gibt es natürlich viel zu erzählen: Womöglich kennen ja viele bereits jenes merkwürdige Phänomen, das dann auftritt, wenn Araber und Deutsche versuchen, miteinander zu kommunizieren. Um es besser einzugrenzen: Was könnte wohl das erste Gesprächsthema sein, das einem Araber in den Sinn kommt, wenn er zum ersten Mal in seinem Leben einem Deutschen begegnet? Was jetzt kommt, ist in der Tat ein ziemlich alter Hut, will sagen, er stammt aus der Zeit, bevor Deutschland zur Heimat vieler Araber wurde, die es dadurch aus der Nähe kennenlernen konnten.

Okay. Da dieser Abschnitt etwas peinlich zu werden droht, möchte ich Sie ein wenig darauf vorbereiten. Ein Großteil der Araber, die, sagen wir es einmal so, nicht mitverfolgt haben, wie sich die Dinge in Deutschland nach dem Zweiten Weltkrieg entwickelt haben, hegen eine etwas falsche Vorstellung davon, wie man einem Deutschen Komplimente macht und dafür sorgt, dass er sich zu Hause fühlt. Vielleicht ahnen Sie an dieser Stelle bereits, was ich sagen will. Genau. Es hat etwas mit jenem Mann zu tun, dessen Namen wir nicht nennen wollen. Sie wissen schon: der Mann mit dem Schnauzbart und dem gestörten Verhältnis zur Bildenden Kunst. Nein, nein. Nicht Salvador Dalí. Es mag für einige kaum zu glauben sein, aber vor nicht allzu langer Zeit war es gar nichts Ungewöhnliches, dass ein deutscher Tourist in einem arabischen Land von Einheimischen begrüßt wurde mit: „Oh, Deutschland? Good, good! Hitler so good! Nice man." Die Interpretation, dass Hitler und jener Einheimische eben, sagen wir, gemeinsame Feinde oder so ähnlich haben, liegt zwar nahe, stimmt aber nicht unbedingt. Alles, was der Einheimische da versucht, ist, in seinem Gedächtnis irgendetwas berühmtes Deutsches zu finden, und in diesem Sinne steht für ihn Hitler in einer ähnlichen Beziehung zu Deutschland wie die Pyramiden von Gizeh zu Ägypten oder die Chinesische Mauer zu China. Dabei ist er im Glauben, eine Brücke des Vertrauens zwischen sich und dem Deutschen geschlagen zu haben, indem er ihm auf diese Weise versichert, dass er sehr wohl darüber im Bilde ist, wofür dessen Land berühmt ist. Bestimmt können Sie sich die totale Fassungslosigkeit des Touristen vorstellen, der nicht in der Lage ist auszumachen, ob das jetzt ein Witz ist oder doch ernst gemeint oder gar zeitgenössische Kunst.

Auch wenn dieses Phänomen in der arabischen Welt heutzutage zum Glück so gut wie ausgestorben ist, bedeutet das nicht, dass es nicht viele andere Fettnäpfchen gibt, die bei unseren Kommunikationsanläufen mit Deutschen bereitstehen. Sobald man hineintritt, entwickelt sich eine schmerzhafte Komödie vom Kampf der Kulturen.

Beispielweise war da dieses Arbeitsmeeting. Wir waren dabei, ein Abendessen zu planen, das gleichzeitig ein Brainstorming für ein neues Projekt werden sollte. Die deutsche Teilnehmerin schlug vor, jeder von uns solle zum Abendessen ein Gericht und Musik aus seinem jeweiligen Land mitbringen, und erklärte: „Beispielsweise du, du könntest syrisches Essen und Musik mitbringen und ich bringe ein deutsches Gericht und deutsche Musik mit." An dieser Stelle beging ich einen Fehler, für den ich noch heute in meinem Arbeitsleben bezahle: Ich versuchte, die Atmosphäre aufzulockern, und ich sagte zu ihr: „Verstehe, ich bringe syrische Musik mit und du Rammstein." Na gut, sagen wir es so: Sie fand es nicht sonderlich witzig. Ich hatte sogar ein bisschen den Eindruck, dass sie sauer war, als sie mir in scharfem, vorwurfsvollem Ton sagte: „Deutsche Musik ist nicht nur Rammstein", bevor sie beleidigt davonstapfte. Vielleicht sollte ich noch hinzufügen, dass ich danach nie wieder etwas von ihr gehört habe und bis heute nicht weiß, was aus dem Projekt geworden ist. Ich hoffe, dass alles für alle bestens läuft.

Ich habe mir für diesen Fehler viele Vorwürfe gemacht. Schließlich hatte mich eine meiner deutschen Freundinnen schon einmal bei einer Veranstaltung, auf der wir gemeinsam waren, beiseite genommen und mich gewarnt, nicht vor allen Leuten herumzuerzählen, dass ich mein Deutsch anhand von Rammstein-Songs lerne. Die haben ja oft einen recht einfachen Satzbau wie „Du, du hast … Du hast mich", sind aber gleichzeitig auch voller Lebensweisheiten, zum Beispiel, dass Größe nicht das Wichtigste ist, wie ich vom Lied „Pussy" gelernt habe. Meine Freundin hielt mir eine feministische Standpauke. Sie sagte, das Narrativ dieser Songs erinnere an die Art wie ein Vergewaltiger zu seinem Opfer spricht. Das war mir so gar nicht aufgefallen. Ich vermute, mein großer Enthusiasmus beim Deutschlernen hat mich dafür blind gemacht.

Letztendlich muss Deutschland sich womöglich wie jedes andere Land auf der Welt damit abfinden, dass es Allgemeinplätzen zum Opfer fällt, die nun einmal in der Welt dominieren, und dass viele Leute diese Klischees für bare Münze nehmen. Etwa dass der Deutsche eine Art arbeitssüchtige Maschine ist oder dass ein Deutscher, sobald er morgens seine Augen öffnet, ununterbrochen Bier in sich hineinschüttet und dazu Würstchen isst.

Rasha Abbas
bei mikrotext

Eine Zusammenfassung von allem, was war

Der zweite Erzählband der syrischen Autorin Rasha Abbas, aus dem Arabischen von Sandra Hetzl, ist ein Gegenpol zu ihrem begnadet komischen Debüt. In oft fantastischen Parallelwelten von morbider Schönheit tastet Abbas sich an den Traumata einer zerrissenen Gegenwart entlang. Diese starken Erzählungen bezeugen die Unabgeschlossenheit von Krisenerfahrung und lassen dennoch das zarte, warme Leben durchschimmern.

„Abbas schreibt in kurzen Sätzen, manchmal mit alttestamentarischem Pathos, nur um dann ihre ästhetisiert davonschwebenden Leser schnell wieder auf den Boden zu bringen." Insa Wilke, Süddeutsche Zeitung

„In entwaffnend direktem Ton verarbeitet sie Szenen und Bilder vorwiegend aus Syrien, deren bedrückende Realität sie spielerisch ins Fantastische überführt – teilweise geradezu liedhaft rhythmische Miniaturen über die Fremdheit, aber auch Wunderbarkeit der Welt."
Petra Kohse, Berliner Zeitung

© mikrotext 2016, Berlin / Neuauflage 2019

www.mikrotext.de
facebook.com/mikrotext
twitter/mkrtxt
instagram.com/mikrotext

Die Übersetzung wurde in Zusammenarbeit
mit der Heinrich-Böll-Stiftung produziert.
Die Stiftung ist nicht für die Inhalte
verantwortlich.

Herausgeber: 10/11
Cover: Inga Israel
Satz: Sarah Käsmayr
Schriften: PTL Attention, Minion

Printed in Germany

ISBN 978-3-944543-84-0